Chocolats

pour l'ÂME d'une ADOLESCENTE

AUTRES LIVRES DE KAY ALLENBAUGH

Chocolate for a Woman's Soul
Chocolate for a Woman's Heart
Chocolate for a Lover's Heart
Chocolate for a Mother's Heart
Chocolate for a Woman's Spirit

AUX ÉDITIONS AdA

Chocolats pour le cœur d'une mère
Chocolats pour l'âme d'une femme

Chocolats pour l'ÂME d'une ADOLESCENTE

Récits de métamorphoses, de sagesse et de courage à l'intention des jeunes femmes

KAY ALLENBAUGH

Adapté par
Marie Gonthier

AdA Inc.

Collection
guide ressources

Révision : Cécile Rolland
Traduction : Marie Gonthier
Infographie : Martine Champagne
Graphisme de la page couverture : Martine Champagne
ISBN 2-89565-047-0
Première impression : 2001
Dépôts légaux : deuxième trimestre 2001
Bibliothèque nationale du Québec
Bibliothèque nationale du Canada

ÉDITIONS ADA INC.
172, des Censitaires
Varennes, Québec, Canada J3X 2C5
Téléphone : (450) 929-0296
Télécopieur : (450) 929-0220
www.ada-inc.com info@ada-inc.com

LES ÉDITIONS GOÉLETTE
600, boul. Roland-Therrien
Longueuil, Québec, Canada J4H 3V9
Téléphone : (450) 646-0060
Télécopieur : (450) 646-2070

DIFFUSION
Canada : Éditions AdA Inc.
Téléphone : (450) 929-0296
Télécopieur : (450) 929-0220
www.ada-inc.com info@ada-inc.com
France : D.G. Diffusion
Rue Max Planck, B.P. 734
31683 Labege Cedex
Téléphone : 05-61-00-09-99
Belgique : Rabelais - 22.42.77.40
Suisse : Transat - 23.42.77.40

Imprimé au Canada

DONNÉES DE CATALOGAGE AVANT PUBLICATION (CANADA)
Vedette principale au titre:
Chocolats pour l'âme d'une adolescente : récits de métamorphoses, de sagesse et de courage à l'intention des jeunes femmes
Traduction de: Chocolate for a teen's soul.
Publ. en collab. avec: Éditions Goélette.
ISBN 2-89565-047-0
1. Adolescentes - Vie religieuse. 2. Jeunes femmes - Vie religieuse. I. Allenbaugh, Kay.

BL625.7.C4814 2001 291.4'32'08352 C2001-940788-2

Avec amour et reconnaissance

je dédie ce livre à ma grande sœur, Carol,

avec qui je continue d'avancer sur la route

de la sagesse et de la force.

TABLE DES MATIÈRES

III
PROBLÈMES DE CROISSANCE

IV
LES GARDIENNES DE LA SAGESSE

V
AU-DESSUS, EN DESSOUS OU AU TRAVERS

VI
REDOUBLER DE VIGILANCE

VII
SOUVENIRS SOUVENIRS

INTRODUCTION

T*out comme le chocolat, ces histoires riches en enseignements,* vous feront du bien et vous réconforteront dans les moments difficiles. Plusieurs récits de *Chocolats pour l'âme d'une adolescente* ont été écrits par des jeunes femmes. La justesse de leurs observations vous étonnera — qu'elles décrivent leurs réussites personnelles, leurs conflits, leurs défis ou des épisodes plus embarrassants de leur vie. Certaines ont dû prendre des décisions en découvrant leurs propres limites ; d'autres nous parlent d'un premier amour qui ne devait pas durer. Ces histoires véridiques vous aideront non seulement à survivre mais aussi à vous épanouir : vous découvrirez ces jeunes femmes qui, de l'adolescence jusqu'au début de la vingtaine ont appris — souvent à rude école — ce que voulaient dire les mots sagesse et force.

En commençant à rédiger ce livre de la série *Chocolats*, je dois avouer que je me suis d'abord sentie intimidée car, tout en étant jeune de cœur et d'esprit, je dois tout de même supporter le poids des ans ! J'ai cherché ce qui pouvait rejoindre toutes les femmes ; j'ai rassemblé des histoires traitant des sujets les plus importants pour vous. Et c'est avec grand plaisir que je vous présente *Chocolats pour l'âme d'une adolescente,* une collection d'histoires très variées — certaines poignantes, d'autres amusantes — qui, à l'image des femmes de tous âges, ont aussi des liens entre elles.

Toutes les jeunes femmes ont besoin d'un mentor, d'une personne plus âgée qui peut leur servir de modèle. Plusieurs jeunes femmes ont écrit elles-mêmes ces récits destinés aux adolescentes ; d'autres femmes se disant : « si j'avais su alors ce que je sais maintenant », évoquent des moments inoubliables de leur vie.

Aujourd'hui, plus que jamais, vous avez la possibilité d'être « à la fine pointe », de laisser libre cours à votre créativité et de réinventer le monde — mais de temps à autre vous devez avoir envie que les choses soient plus simples. Avec autant de forces en présence, il n'y a rien d'étonnant à ce que vous appréciez toutes les possibilités qui s'offrent à vous tout en vous sentant dépassée en même temps. Vous avez la jeunesse qui vous permet d'escalader des montagnes, la passion des premiers amours, un regard neuf sur le monde, un désir irrépressible d'être indépendante et unique. Vous avez tout cela *maintenant*, et toutes ces possibilités comportent aussi des défis à relever.

Alors prenez un peu de chocolat et assoyez-vous avec une amie, votre sœur aînée, votre mère, votre mentor ou seule, et lisez les histoires qui piquent votre curiosité. Puissent ces récits vous faire rire et pleurer, vous aider à prendre avec un grain de sel une situation que vous preniez trop au sérieux ou vous accompagner lorsque vous essayez de surmonter certains obstacles. Dans *Chocolats pour l'âme d'une adolescente*, le succès n'est jamais loin — et c'est la meilleure inspiration qui soit !

I
PLUS HAUT ET PLUS LOIN

La maturité ne se mesure pas au nombre des années
mais à l'étendue de la sagesse.

ANN LANDERS

UN GESTE IMPORTANT

M*es yeux s'embuèrent de larmes et mes mains se crispèrent* sur le garde-fou de bois. J'étais jeune, inexpérimentée, et j'assistais aux funérailles de mon arrière-grand-père ; jamais, au cours de mes sept années d'existence je n'avais autant songé à la mort que ce jour-là.

Et le soir venu, alors que mon père me bordait affectueusement, je lui fis part de mes inquiétudes.

Devant ce mystère insondable, celui-ci répondit avec sagesse : « Nous ne pouvons empêcher notre destinée de se réaliser. Tout ce que nous pouvons faire c'est d'accorder une grande valeur à chaque instant de notre vie. »

Accorder une grande valeur à chaque instant. Comme des anges gardiens, ces mots m'ont toujours guidée depuis. Ils me calment lorsque je suis nerveuse. Ils me donnent force et courage quand je me sens faible. Ils me nourrissent comme un sandwich au beurre d'arachides et à la confiture nourrit un enfant affamé.

Cinq ans plus tard, à la danse des jeunes du premier cycle, je suis dans un groupe de filles et nous bavardons sans arrêt. Toutes les conversations tournent autour d'un participant à un programme d'échange en provenance d'Australie, un très joli garçon prénommé Jason. Depuis l'arrivée de cet étudiant, le lundi précédent, toutes les filles de ma classe ont un petit rire gêné lorsque résonne son accent si charmant.

Soudain, le rythme endiablé s'arrête et une musique plus lente remplit le gymnase. Tous les jeunes se précipitent en tous sens : certains cherchent un ou une partenaire de danse, d'autres battent en retraite et vont s'asseoir dans les gradins.

« L'une d'entre nous doit inviter Jason à danser », murmure alors une de mes amies. Nos regards se tournent à nouveau de l'autre côté du gymnase où Jason discute avec des copains. Toutes les filles autour de moi affirment qu'elles préféreraient demeurer assises dans les gradins tout le reste de la soirée, plutôt que de courir le risque d'essuyer un refus. Je décide de relever le défi.

« Je vais lui demander », dis-je courageusement. Je traverse donc la pièce, ne me retournant qu'une seule fois, le temps d'entrevoir les visages ahuris de mes amies. J'ai l'impression que leurs regards me transpercent de part en part. La traversée du gym me semble durer une éternité. Je replace le col de ma chemise. J'ai les mains de plus en plus moites et c'est tout juste si je ne trébuche pas sur mes propres pieds.

Et tout à coup, j'y suis. Je tapote légèrement l'épaule de Jason tout en espérant qu'il se souvienne de mon nom. Il se tourne vers moi et ses yeux bleu ciel expriment une légère contrariété. Nous restons là un moment et j'attends un signe de reconnaissance de sa part. Comme il ne semble pas savoir qui je suis, je dis timidement : « Salut, euh, je m'appelle Beth, je suis, euh, dans la même classe de science que toi. »

Un silence mortel puis finalement il répond : « Ah oui, la sixième période, c'est ça ? »

« Ouais », dis-je sur un ton aigu, puis je m'empresse de me racler la gorge. « Hum, de toute façon, veux-tu danser avec moi ? »

Un silence. Ses yeux s'agrandissent légèrement et je peux voir son cerveau chercher une excuse. Finalement il répond : « En réalité, euh, je n'avais pas l'intention de danser pour le moment. »

Pas la peine d'insister, c'est sans appel. Calmement j'enchaîne, comme si cette réponse ne m'avait pas affectée : « D'accord, ça va. » Je me retourne sans lui laisser le temps de prononcer des excuses et, d'un pas résolu, je reviens vers les gradins pour retrouver mes amies.

J'ai réussi. Le succès est un peu différent de ce que j'espérais mais je peux m'en accommoder. C'est en réalisant que je n'avais rien à perdre que je me suis décidée à inviter Jason à danser. Le seul risque que je courrais était d'essuyer un refus. Je préférais courir ce risque plutôt que de rester là à me demander ce qui aurait pu se passer. J'ai accordé de la valeur à ce moment.

J'aurai encore d'autres victoires et d'autres défaites dans ma vie. Par contre, je n'aurai pas de regrets car je saurai que j'ai accordé de la valeur à chaque instant. Une défaite précède parfois une victoire.

Durant quelques minutes, je restai sur les gradins avec mes copines, racontant tous les détails de cette histoire embarrassante. Finalement, la pièce « *Down on Bended Knee* » du groupe *Boyz 2 Men* se termina. J'allais me lever pour rejoindre les filles qui glissaient déjà en mouvements rapides sur la piste de danse, lorsque je reconnus, à quelques pas de moi, le beau garçon de mon cours d'anglais. Étonnée mais ravie, je réalise qu'il se dirige vers moi, l'air un peu gêné.

« Salut Beth, euh, voudrais-tu danser le prochain slow avec moi ? »

Mes mains tremblent légèrement mais, avec un large sourire je réponds : « Ouais, sûr que ça me tente ». Décidément, la soirée est *encore jeune*.

BETH WILLIAMS

RITE DE PASSAGE

L*'éclat étonnant d'un petit anneau rond me fit un clin d'œil* dans le miroir. Ce ne fut pas tant la lueur argentée qui attira mon attention que l'emplacement inhabituel de l'anneau : le nombril de ma fille de dix-sept ans.

Nous étions très affairées dans la salle de bain où je la coiffais pour la cérémonie de remises de diplômes couronnant la fin de ses études secondaires. Mon bébé, ma fille qui avait toujours été petite pour son âge — et que je pouvais encore tenir sur mes genoux six ans auparavant — mesurait maintenant six centimètres de plus que moi et avait un tour de poitrine plus grand de quelques centimètres.

Je m'attendais à ce que sa rébellion se manifeste de diverses façons incompréhensibles et je m'étais préparée en conséquence. Avec une propension à l'introspection, une forte volonté et un désir farouche d'indépendance, ma plus jeune avait copié ma personnalité et l'avait intégrée à la sienne. C'est pourquoi, malgré nos différences et les vingt et quelques années qui formaient un infranchissable « fossé des générations » entre nous, je croyais avoir établi un lien direct avec son âme. Une connexion qui fonctionnait dans un seul sens, bien sûr, car ma fille n'était pas encore prête à me répondre ou à me transmettre ses messages.

Absorbée dans son monde d'adolescente, avec son propre langage, son mélange étrange de musique, de pathétique, de rituels et d'anxiété, mon enfant luttait pour son indépendance alors qu'une telle lutte n'était pas nécessaire. Sa quête d'identité alternait parfois avec le désir d'obtenir mon attention — comme une soif jamais assouvie — ou de retrouver la sécurité de notre maison. Mais elle détalait à toute vitesse loin de mes ailes protectrices dès l'instant où elle avait obtenu ce dont elle avait tant besoin.

Je peux identifier très précisément le moment où mon enfant fit le saut dans le monde adulte. Pour moi, c'est le jour où elle me dit, mine de rien, qu'elle avait été prendre « une tasse de café » en ville, avec un ami.

« Qu'est-ce que vous avez commandé ? », demanda la partie stupide en moi.

« Voyons, maman, je viens juste de te le dire. Du café. »

Depuis quand avait-elle cessé de boire des thés bien chauds en remplissant aux deux tiers sa tasse de lait tiède, pour aller prendre une boisson d'adulte en compagnie d'amis ?

Je savais que si je n'acceptais pas ce rite de passage avec le calme stoïque d'un entrepreneur de pompes funèbres et que je n'évitais pas tout examen rétrospectif, je serais accusée d'étroitesse d'esprit, d'être une mère étouffante et — j'espère bien que non ! — d'être vieux jeu. Tout naturel que me soit le rôle de mère, je ne veux pas tomber dans ce piège. Non, même si une voix en moi hurle pour retrouver la chaleur de deux petits bras chauds autour de mon cou ; non, je ne succomberai pas à la tentation, même si j'entends encore une petite voix dans un nuage de lait et de poudre de bébé me chuchoter à l'oreille : « Maman, je t'aime. »

Elle enfila sa robe, sa camisole fut tirée vers le haut et découvrit l'anneau-d'argent-à l'air-innocent, exception faite de son emplacement. Inconsciente de ma découverte, ma fille continua de bavarder avec excitation, pendant que moi, un fer à friser à la main, j'avais envie d'insérer l'extrémité brûlante de cet outil à travers cet anneau grotesque qui déformait son nombril. Était-ce bien le même nombril sur lequel je me penchais jadis pour ronronner et roucouler, provoquant ces petits cris de joie accompagnés de battements de jambes et de bras potelés ?

Alors j'ai négocié avec les pouvoirs supérieurs. Si c'était ce qui pouvait arriver de pire, je courberais la tête et je l'accepterais. Mais, quelqu'un pouvait-il me garantir que ça n'irait pas plus loin ? Que son diplôme, son travail d'été et son départ pour un collège du Middle West allaient étancher sa soif d'affirmation ou peu importe ce que cet anneau était censé représenter ?

La seule chose que je pouvais faire pour réduire le risque qu'apparaissent d'autres particularités du genre était de ne pas souffler mot de l'affaire afin de ne pas lui couper l'herbe sous le pied. Si cette « parure » ne lui procurait pas le sentiment d'être spéciale, ma fille allait chercher un autre moyen. Et si j'intervenais, elle pourrait chercher beaucoup d'autres moyens.

Deux jours après l'obtention de son diplôme, épuisée par un long week-end de réjouissances — le rituel consistant à sortir à tous les soirs ayant fait son temps — elle me permit, plaisir devenu rarissime maintenant, d'aller la border. Éclairant son visage couvert de taches de rousseur, je reconnus ce regard confiant que j'aime tant.

Elle n'allait pas me le demander, alors j'ai fait les premiers pas. « Puis-je te chanter une berceuse ? » Et elle posa sa tête sur mes genoux, avec le même sourire de satisfaction qui faisait rayonner son visage à l'âge de quatre ans. « D'accord », dit-elle. Puis elle se recroquevilla et ferma les yeux, prête à redevenir mon enfant.

TALIA CARNER

Je réécrirai ma vie à l'enseigne du bonheur.

NANCY MAIRS

PLONGER EN PROFONDEUR

À *l'école secondaire, tout n'allait pas comme sur des roulettes* pour moi. Il y avait toujours quelque chose qui venait me déstabiliser. Pourtant, en m'assoyant dans la classe de composition anglaise ce jour-là, j'ai eu l'impression que le vent venait de tourner. Jamais je n'aurais pu imaginer une telle surprise.

Au départ j'ai cru que c'était une bonne chose. Une chose incroyable. Pour mon premier poème, écrit en grosses lettres rouges dans la marge, non seulement un A mais un A+. Un sourire me monta aux lèvres, le genre de sourire qui apparaît spontanément lorsqu'on accomplit quelque chose pour la première fois — et qu'une autre personne apprécie.

Très excitée, j'ai lu la phrase inscrite en rouge, à côté de la note. *Excellent, mais je ne crois pas que tu l'aies écrit.*

Aussi simple que cela. Mais je ne crois pas que tu l'aies écrit. Des mots tout à fait incompréhensibles. Abasourdie, j'ai vu ma journée idéale disparaître sous mes yeux comme si elle venait de subir un bombardement d'artillerie lourde. J'ai toussé sans réfléchir, essayant vainement d'éviter les éclats de métal volants qui transperçaient mon innocence. Comment pouvait-elle penser… Que diable… ? Moi ? Mon poème — une imposture ?

Toute la fierté que j'avais ressentie venait de se volatiliser. Comme une gifle. J'ai courbé l'échine. Et bien, c'était peut-être une journée comme les autres après tout. Encore une fois, je me retrouvais en situation de déséquilibre. Non, cette fois ça semblait plus grave. Beaucoup plus personnel. Et qui donc venait de me terrasser ? Qui était l'auteur de ce massacre cette fois-ci ? Nul autre que mon professeur. Shirley. Je me souviens de son prénom maintenant mais pas de son nom. Ce serait lui accorder trop d'importance sans doute.

Dans ma tête, je passais en revue plusieurs scénarios. Si seulement elle *m'avait questionnée* pour voir si j'en étais bien l'auteure. Si seulement — et je compris avec tristesse qu'elle n'avait pas éprouvé ce sentiment — si elle avait *espéré* que j'en sois l'auteure. Et puis elle m'aurait demandé *comment* je l'avais écrit. Comment ce poème philosophique sur les flocons cotonneux tombés d'un peuplier était-il venu à l'esprit — ah... de quelqu'un comme toi ? Maintenant j'en savais plus que ce que je voulais savoir. Durant ce cours d'écriture, j'avais sondé l'âme de Shirley et j'avais vu trop clairement les limites de sa pensée.

Souvent au cours de la matinée, mon regard se posa sur elle. Je restais là et je sentais quelque chose bouillonner en moi. Je m'attendais à ce qu'elle clarifie les choses. Qu'elle vienne à mon bureau et discute de tout ça. Mais cette femme était froide. Avant de quitter la classe, je pris une décision. J'étais très en colère.

Durant l'après-midi, je sortis de la maison pour faire une promenade. Une longue promenade. Heureusement je me sens chez moi dans les grandes forêts à l'extérieur de la ville. Blottie entre deux cours d'eau de montagne, notre maison donne accès à une sorte de paix qui s'insinue en vous sans que vous ayez besoin de le demander. Alors j'ai emporté avec moi l'affront inscrit à l'encre rouge, et je me suis rendue dans une clairière où de vieilles branches de sapins balaient le sol, des sapins qui ont un pouvoir de guérison.

Chaque pas semblait m'apporter quelque chose de bon qui compensait la colère et la peine. L'air pur et doux soulageait ma respiration oppressée. Et bientôt j'observais la vie du torrent. D'abord les moineaux qui volaient sans effort à la surface de l'eau. Regarde, regarde, semblait dire la rivière. Puis je les vis — de petits oiseaux appelés cincles d'Amérique qui sautillaient d'un rocher à l'autre, en parfait équilibre, et qui plongeaient ensuite en plein milieu du torrent. Puis ils ressortaient de l'eau, comme si rien ne s'était passé. Rien qui ne puisse les désorienter en tout cas ! J'expulsai l'air de mes poumons, en laissant sortir en même temps le stress de la journée et je ris de concert avec les audacieux cincles d'Amérique.

Ce soir-là, de retour à la maison, je me mis à écrire. J'écrivis vingt nouveaux poèmes, vingt poèmes enfouis en moi et dont j'ignorais l'existence.

Et le lendemain, me sentant un peu comme le cincle d'Amérique qui affrontait avec audace le torrent, je déposai bruyamment ma liasse de pages blanches parsemées de poèmes sur son bureau. Devant elle. Devant Shirley.

Sans lui demander quoi que ce soit. J'avais retenu l'enseignement du bel oiseau coloré du torrent. Je dis simplement : « Vous n'avez pas cru que j'avais écrit ce poème. » Elle m'observa, comme un geai bleu qui veut s'emparer de tous les morceaux de pain mais qui craint d'être chassé. « Alors j'en ai écrit d'autres. »

J'avais décidé que sa malveillance n'aurait pas raison de mon audace. Alors j'ai attendu un moment mais elle ne m'a pas répondu. Avec le sentiment du devoir accompli, je suis retournée à ma place et mon esprit s'est envolé bien loin. Je lui avais confié mes écrits mais elle n'avait pas mérité ma confiance. Après le cours, je me rendis dans la classe de l'inspirante et sincère Madame Parmenter, mon autre professeur d'anglais ; sur son bureau, il y avait toujours un vase de fleurs. Après avoir écouté mon histoire, elle plissa les yeux et je sentis qu'elle me comprenait. Un vent d'espoir vint me réconforter. Je repris confiance et retrouvai la force de combattre ceux ou celles qui voudraient encore malmener ma créativité naissante.

Je demandai à Madame Parmenter comment elle s'y prenait pour réaliser d'aussi magnifiques arrangements floraux.

« Je place simplement les fleurs dans le vase et elles prennent leur place tout naturellement. »

Cette femme avait des croyances et des valeurs. Je lui montrai des photocopies de mes poèmes, elle approuva avec sincérité et je me sentis respectée. Comme si elle m'avait donné son bouquet de fleurs, elle prononça des mots que je n'oublierai jamais. « Ces poèmes devraient être publiés ».

Et elle fit quelque chose de plus. Elle mit sa main sur mon épaule et me sourit ; ce sourire se rendit jusqu'à mon cœur.

Ce jour-là j'ai appris ce qu'était la force. Comme ces oiseaux de rivage, je n'ai pas hésité à plonger et ce faisant, je suis devenue plus forte et plus équilibrée. J'ai continué et Shirley m'a octroyé un A+ pour la session. Mais j'éprouve beaucoup plus de reconnaissance envers la ferme et gentille Madame Parmenter, et envers un cincle d'Amérique et ses cabrioles !

Je n'en avais pas la moindre idée — non, c'est faux, je *savais*. D'une certaine façon je *savais* que j'étais une poétesse. J'avais conscience de posséder ce talent. Quand vous sentez une si forte impulsion, vous savez que vous possédez un certain talent. Mais je ne savais pas que je deviendrais professeure d'écriture — et que je remporterais un prix pour mes poèmes. Je ne savais pas que des gens qui ne croyaient pas pouvoir écrire un poème commenceraient à le faire dans une de mes classes. Mais d'une certaine façon, j'en avais le pressentiment en leur donnant comme devoir *d'écrire sur une personne qui a influencé le cours de votre existence* ; et je disais : « Parfois cette personne est une bénédiction du ciel et d'autres fois — comme ce professeur qui avait douté de mon intégrité — elle est une bénédiction « déguisée ». Ne laissez pas passer les cadeaux qui vous sont offerts et affrontez les gens qui vous lancent un défi, même s'ils le font de façon très maladroite. À chaque fois que vous vous tenez debout, vous transformez votre vie. »

Aujourd'hui, je crois que je n'aurais probablement pas écrit ces vingt nouveaux poèmes si Shirley n'avait pas remis en question mon talent — sans parler de ma fierté et de l'estime que j'avais de moi-même. Et je n'aurais peut-être pas développé cette force et cette fierté qui accompagnent tout désir de faire quelque chose de bien. Mais aujourd'hui, chaque poème et chaque réalisation me donnent l'occasion de penser à Madame Parmenter qui doit sûrement se réjouir en sachant que je suis beaucoup plus solide maintenant. À l'école secondaire, il est difficile, parfois, de protéger sa fierté. Vous devez parfois lutter pour le faire — et même plonger. Et reconnaître à leur juste valeur vos talents particuliers.

Sheila Stephens

Mon cœur est heureux, mon esprit libéré
mon père et moi pouvons communiquer.

HILDA BIGELOW

DE GROSSES COLLINES

« W*ow !* », *dit mon père, en épongeant la sueur sur son* front et en penchant la tête vers l'arrière. « Regarde ça ! C'est immense ! On y va ? »

J'avais quatorze ans et j'étais en vacances, avec ma famille, au parc d'attractions Cedar Point de Sandusky en Ohio. Mon père m'invitait à faire un tour dans le *Mean Streak* — les montagnes russes de ce parc — et j'allais peut-être réaliser l'un de mes rêves les plus fous ; un rêve, comme un poster sur un mur de ma chambre. Mon père et moi, on se ressemblait. Nous recherchions tous les deux les sensations fortes.

« À quoi ça ressemble ? », demandai-je à ma mère.

Elle roula les yeux et haussa les épaules. « Je ne sais pas, et je n'ai pas la moindre envie de faire un tour là-dedans. »

« Pourquoi ? »

« Je n'aime pas les grosses collines, c'est tout. »

Papa et moi avons fait la file dans la chaleur écrasante, sur le pavé brûlant. J'eus tout le loisir de regarder le train grimper et descendre les collines et observer la tête des gens dans les wagons.

Tout comme papa, je devais pencher la tête loin en arrière pour voir le sommet du manège. J'entendais un grondement continu au-dessus et autour de nous.

Je pouvais entendre les gens hurler à pleins poumons, et je sentais l'inquiétude percer sous cette clameur. Je ne pus m'empêcher de m'interroger sur la sécurité du périple.

« Papa, entends-tu tous ces gens crier parce qu'ils ont peur ? »

« Oh, beaucoup de gens crient dans les montagnes russes parce que c'est excitant. Ne t'inquiète pas, tu vas aimer ça », dit-il, se croyant obligé de me rassurer.

Mon amour-propre d'adolescente se rebiffa. « Je ne suis pas inquiète. Je posais simplement une question », dis-je irritée.

« As-tu peur ? » Papa a l'art de viser juste.

« Non, c'est juste un tour de manège. On aura à peine le temps de s'en rendre compte... n'est-ce pas ? » C'est ce qu'il m'avait dit un peu plus tôt, avant que je regarde attentivement cette impressionnante montagne de bois.

« C'est exact, on va s'amuser, et tu pourras dire à ta sœur et à ta mère que ce sont des froussardes ! », dit-il, et nous avons ri tous les deux. Non seulement j'entrais dans un monde nouveau mais mon père était à mes côtés. Je pensai à maman et à Sara, ma jeune sœur, assises toutes les deux à une table de pique-nique plus loin. Comme elles devaient s'ennuyer ! Elles devaient tellement s'ennuyer qu'elles regrettaient probablement de n'être pas venues. Papa et moi étions les seuls à savoir s'amuser dans cette famille !

Deux filles plus âgées que moi bavardaient devant nous. Elles ne cessaient de répéter qu'elles feraient mieux de quitter la file maintenant, avant qu'il ne soit trop tard. Ayant remarqué que je les écoutais attentivement, papa se tourna vers moi et m'offrit gentiment une porte de sortie. « Et bien, qu'en penses-tu ? Nous devrions peut-être suivre leur conseil et partir immédiatement. »

Je ne sais pourquoi mais ses paroles eurent un effet libérateur et m'aidèrent à calmer mon agitation intérieure. « Papa !, tu n'es pas sérieux, n'est-ce pas ? Tu as bien dit que les montagnes russes paraissaient tout à fait ordinaires à bord d'un wagon, n'est-ce pas ? »

« Mais oui, du calme. Je plaisantais. Après une première expérience, tu vas réaliser qu'elles n'ont rien d'inquiétant. » Il voulait me rassurer, bien sûr, mais essayait-il aussi de se rassurer lui-même ? Tout comme j'avais observé les visages des filles dans la file devant nous, j'observai son visage. Il semblait un peu tendu mais c'était probablement parce qu'il faisait trop chaud. Les bras croisés, immobiles, il observait le train passer à toute allure près de nous. Encore inquiète, je tremblais intérieurement.

« Et bien, encore quinze minutes et ce sera l'heure de notre mortelle randonnée ! »

« Papa ! » Je lui jetai un regard mauvais puis je m'adoucis : « As-tu peur ? »

« Et bien, pour dire la vérité, ma fille, Je n'ai jamais monté dans un manège aussi haut ». Il rit, un peu moins fort cette fois.

En entrant dans l'édifice, je sentis que nous nous rapprochions, mon père et moi — même s'il n'était d'aucun secours. Il plaisantait encore, affirmant que le train allait tomber en panne dans les montagnes russes.

« Est-ce que ça arrive réellement ? », demandai-je, à moitié convaincue.

« Ouais. Parfois ils doivent envoyer des hélicoptères pour ramener les gens. » Il semblait trouver ça drôle. Je m'inquiétais. J'avais entendu parler de gens qui étaient malades durant le trajet, ce qui affectait sérieusement les autres passagers. Je croyais qu'il ne pouvait rien arriver de pire. Mais rester coincer, ça je ne pourrais pas le supporter. Je commençais à paniquer.

Maintenant les gens descendaient des voitures — le visage rouge, les yeux exorbités. J'observai chaque visage, espérant y puiser un peu de courage. La plupart des gens souriaient ou esquissaient au moins un petit sourire, ce qui me rassura un peu. Ma vie était entre leurs mains. J'avais l'impression que chaque visage me promettait que tout se passerait bien. Tout à coup, une fille de mon âge qui me ressemblait beaucoup émit un gémissement pitoyable et, tout en tenant son estomac à deux mains, s'enfuit le plus rapidement possible vers la sortie.

« Papa... »

« Je sais, mais ne t'inquiète pas. Aie confiance en moi, tu vas aimer ça. » Je n'avais plus le temps de m'inquiéter maintenant. C'était à notre tour. J'avais quitté les ennuyantes tables de pique-nique et j'entrais dans un autre monde. En grimpant dans le wagon, je vis que nous avions la première voiture. J'essayai d'abaisser la barre. « Impossible de la descendre ! On ne peut pas verrouiller ! Papa ! — Oh, ça y est. »

« Et c'est un départ, ma fille ! » Je regardai mon père. Il souriait tout en agrippant fermement la barre. J'essayai de faire la même chose. Le train avança brusquement et monta la plus grosse colline...celle dont la descente était aussi la plus longue. J'avalais ma salive avec difficulté.

« Oh bon sang, papa. Regarde en bas ! »

« Non merci, je n'y tiens pas et je regarde le plancher ! »

« Papa, met ton bras autour de mes épaules. Je n'aime pas du tout cette sensation ! Papa ? »

« OK, on y va ! », cria-t-il. Nous avions atteint le sommet. Le train s'arrêta durant un instant — une petite seconde qui sembla durer une éternité. Je m'obligeai à avaler ma salive.

L'instant suivant, perdant tout sens logique, je hurlais : « Je veux descendre ! ».

Nous avons descendu cette « colline » qui, en réalité, était une véritable montagne, et je sentis ma peau se plaquer sur mes os pendant que je retenais ma respiration. Et puis... tout se passa si vite, le temps de le dire nous étions de l'autre côté. Puis nous avons grimpé de petites collines, nous avons tourné autour, et ce n'était pas si mal. Tandis que j'esquissais un sourire, je vis papa rire et hurler en même temps ; j'étais trop impressionnée pour pouvoir parler. Je remarquai que son bras protecteur n'entourait plus mes épaules ; mon père s'accrochait à la barre, tout comme moi. J'avais serré la barre si fortement durant mes moments de terreur que mes jointures avaient blanchi et que j'avais du mal à bouger les doigts.

Quand tout fut terminé, je me sentis fière. Je l'avais fait. Et je sortis d'un air un peu nonchalant, les épaules rejetées en arrière, la tête haute. Ce n'était pas si terrible, me dis-je, pendant que papa parlait sans arrêt.

« Et bien, c'était fantastique ! Comment as-tu trouvé ça ? J'ai eu terriblement peur ! »

« Tu as eu peur ? »

« Oui ! Tu sais, quand tu m'as demandé de mettre mon bras autour de tes épaules ? Je n'ai pu le faire que durant quelques secondes, je devais m'accrocher », admit-il en se moquant de lui-même.

« Tu avais peur toi aussi ? »

« Bien sûr ! C'est la moitié du plaisir ! » Il me regarda. « Je suis fier de nous », dit-il, en plaçant à nouveau son bras autour de mes épaules. J'entendis le mot « fier » et j'entendis aussi le mot « nous ». Mon père et moi, on ne se contentait pas de rester assis autour d'une table de pique-nique. Mon père et moi, nous étions partenaires, dans l'aventure et dans la peur. Et si mon père pouvait se permettre d'avoir peur, je pouvais moi aussi faire d'autres expériences semblables — toute seule. Mais je savais, en me projetant en pensée dans l'avenir que, quelle que soit la colline ou la montagne que je grimperais, je ne serais pas seule. D'une façon ou d'une autre, mon père serait à mes côtés. Avec peut-être les jointures blanches mais en riant et en me soufflant à l'oreille : « Tu as affronté cette peur de façon magistrale ! Et que penses-tu de cette colline ? »

Rebecca L. Allor

ÊTRE OU NE PAS ÊTRE « COOL »

J*'ai toujours voulu être populaire. Avoir les amis les plus « cool ».* Faire partie d'un orchestre rock et sortir avec les plus beaux gars — des souhaits tout simples pour une jeune fille comme moi. J'ai réalisé certains de mes rêves. J'ai mis sur pied un groupe rock. Et je suis sortie avec le plus beau garçon de l'école secondaire Melbourne en Floride.

Quand il m'a invitée, j'ai tout de suite accepté, mais quelques jours plus tard il se plaignait : « Tes hanches sont trop larges. Tu dois perdre du poids pour être mince comme les copines de ton groupe et les filles sur la plage. »

J'ai commencé à suivre une diète immédiatement. Durant un certain temps, je n'ai mangé que des pamplemousses et des légumes — mais je me suis sentie mal et j'ai dû prendre de la « vraie nourriture ». La semaine suivante, j'ai essayé de sauter le petit déjeuner et le déjeuner. Affamée à l'heure du dîner, j'engloutissais mon repas et j'ai commencé à prendre du poids. En tentant de plaire à mon petit ami, j'ai pris quatre kilos et demi en un mois. Au lieu de reconnaître mes efforts celui-ci me rabaissa encore plus. « Tu ressembles à une baleine », disait-il, et je ne me sentais vraiment pas aussi belle que les copines qui voulaient sortir avec lui. J'étais terriblement mal à l'aise et je ne voulais pas perdre mon petit ami ; je cherchais désespérément une façon d'éliminer ces kilos qui nous séparaient. Je pesais 50 kilos, quel tonneau !

Pour perdre du poids, les autres filles de l'école utilisaient un moyen drastique dans la salle de bain et aucune d'elles n'avait eu de séquelles permanentes. Je n'en aurais pas, moi non plus. Je voulais à tout prix être aussi belle qu'un modèle. Je voulais que mon ami me regarde de la même manière qu'il regardait les filles en bikini sur les posters.

Une fois par jour, je m'obligeais à vomir trois fois de suite. Sous-alimentée, j'avais toujours faim, alors je mangeais davantage — et je vomissais davantage. Ce ne fut que lorsque je commençai à faire de la rétention d'eau et que j'essayai d'arrêter le processus que je réalisai que je ne pouvais plus sortir de ce cycle infernal. Dès que je sortais de table, j'avais des convulsions d'estomac. Mon estomac se croyait tenu, sans doute, de jouer ce nouveau rôle. Je quittais maintenant la table en courant. Je n'avais plus besoin de me mettre un doigt dans la gorge ni même de le vouloir pour que cela se produise ! J'avais perdu le contrôle — de mon poids et de ma vie.

Personne ne m'avait dit que si je m'obligeais à vomir après le repas, j'allais faire de la rétention d'eau, perdre mes cheveux, détruire l'émail de mes dents, avoir de sérieux problèmes d'estomac et pire — être incapable d'interrompre le processus !

J'avais besoin d'aide. Mon petit ami et mon poids étaient le cadet de mes soucis à présent. J'avais quinze ans et je ne savais plus quoi faire. Cherchant désespérément une solution, je m'adressai à la seule personne en qui j'avais une confiance absolue. J'éclatai en sanglots et lui dit :

« Maman, je suis malade. Je me suis forcée à vomir pour perdre du poids et maintenant je vomis à tous les jours. Je ne peux plus arrêter et j'ai peur, je crois que je vais mourir. »

Je me suis enfermée dans ma chambre durant toute la soirée. Le lendemain matin, maman m'a réveillée, me disant que j'avais un rendez-vous avec un médecin. Après une première rencontre, on m'a envoyée à l'hôpital. Une analyse sanguine révéla que j'étais déshydratée et dangereusement sous-alimentée. Ils m'ont gardée plusieurs mois. Je me sentais bien seule. J'ai raté une année scolaire. J'ai été obligée de suivre des cours particuliers pour rattraper ce retard. J'ai dû supporter toutes sortes de traitements et suivre une thérapie durant plusieurs mois avant que la boulimie dont je souffrais ne soit maîtrisée.

Mon petit ami m'a quittée. Il m'a laissée tomber parce que des sorties à l'hôpital, ce n'était pas très amusant. La plupart de mes amies ne comprenaient pas et cessèrent de venir me voir. Même un membre de ma famille dit en riant que j'essayais d'attirer l'attention. Je ne peux vous dire à quel point tout cela m'a blessée.

Mais maintenant je vais bien. Je suis en paix.

Il a fallu que je prenne des médicaments et que je suive une thérapie pendant un an pour réaliser que si les gens ne m'appréciaient pas telle que j'étais — quel que soit mon poids — alors dès le départ, ils ne méritaient pas mon amitié.

J'ai été à rude école, mais je n'ai jamais oublié ce que j'ai appris. La notion de popularité est tout à fait superficielle. Lorsque j'ai compris que j'étais bien « telle que j'étais », je ne me suis plus soucié de l'opinion des autres à mon sujet. Si vous vous aimez et croyez en vous-même, vous êtes « cool ».

MICHELE WALLACE CAMPANELLI

MISS GENTILLESSE

« *Maman, il y a une chose que je n'aimerais vraiment pas,* sais-tu ce que c'est ? » demanda ma nièce Kim à ma sœur tandis que celle-ci brossait ses longs cheveux bruns roux.

« Qu'est-ce que c'est chérie ? », répondit sa mère.

« Je ne veux absolument pas obtenir le titre de Miss gentillesse. »

À l'âge de dix-sept ans, Kim participait à un concours de beauté en Georgie et elle faisait preuve d'un courage exceptionnel. Elle avait toujours été « différente » des autres. Ne pesant que 1,27 kilo à la naissance, elle devait se compter chanceuse d'être vivante. La paralysie cérébrale avait été, semble-t-il, le prix à payer pour sa présence sur terre.

Mais rapidement, ce prix « acceptable » s'était transformé en sujet d'angoisse car Kim fut opérée à plusieurs reprises avant l'âge de dix ans. Elle travailla d'arrache-pied pour développer certaines habiletés que d'autres enfants développent naturellement, et elle supporta courageusement les regards, la sympathie des étrangers, et les taquineries des enfants qui se moquaient de ses petites jambes soutenues par des appareils orthopédiques, des jambes de « Minnie Mouse » disaient-ils.

« Si on me donnait le titre de Miss gentillesse, ce serait par compassion. Je veux gagner sans qu'on me prenne en pitié. »

« As-tu vraiment envie de participer ? », lui demanda sa mère. Ma sœur Carol avait toujours encouragé Kim à être indépendante et à participer à toutes sortes d'activités. Mais pour les concours de beauté, elle avait dû faire taire ses propres appréhensions. Carol avait beaucoup d'expérience ; si elle tressaillait à chaque blessure de Kim, elle s'émerveillait aussi de voir grandir la détermination et la sagesse de sa fille.

Avril 1997. Le grand soir. Kim réussit à parcourir la scène dans sa robe du soir bleu nuit ; après trois tours de scrutin, en musique, on annonça la proclamation des gagnantes.

« Miss gentillesse...Kim Stohlmann. »

Les yeux de Kim s'agrandirent et elle poussa un petit cri de joie : visiblement, elle ne s'y attendait pas. Puis elle se couvrit la bouche des deux mains. Devenir le centre d'attractions n'était peut-être pas si mal, après tout. Les fleurs, les applaudissements, les regards admiratifs de toutes les concurrentes qui avaient voté pour elle, pour sa personnalité chaleureuse et son courage ; les larmes qu'elle ne vit pas dans les yeux de sa mère ; et cette sensation de picotement dans les yeux... La magie de l'instant la surprit. Elle était encore sous le charme tandis que la musique s'élevait à nouveau et que le spectacle continuait. Un grésillement dans le micro puis l'annonceur parla d'une voix plus profonde et plus mélodieuse.

« Nous allons demander à la troisième gagnante d'accepter la couronne si certaines circonstances empêchent les autres gagnantes de tenir le rôle. Et maintenant notre troisième gagnante est... Kim Stohlmann. »

Elle avait gagné.

Un succès bien mérité.

Sans équivoque.

Courageuse.

Magnifique.

Kim Stohlmann.

MAGGIE BEDROSIAN

COULEURS FRANCHES

Dans la petite ville de Cadillac au Michigan, c'est le dernier jour de classe avant le congé de décembre. En me rendant à mon travail, je passe devant les écoles secondaires du premier et du deuxième cycle, situées l'une près de l'autre, en face du chemin du lac ; j'observe les groupes d'enfants qui se répandent sur le trottoir et retrouvent pour deux — trop courtes — semaines, le chemin de la liberté. Les sacs à dos accrochés à leurs petites épaules sont remplis de devoirs de vacances ; mais malgré tout, une gaieté contagieuse flotte dans l'air. Je « n'appartiens » à aucun enfant, mais j'aime les observer en me rendant au bureau du journal local où je suis reporter. Je crois qu'ils sont très différents des enfants que nous étions. Observez simplement leurs coupes de cheveux — ou bien ils n'en ont pas du tout ou alors, on dirait que leur mère leur a placé un bol sur la tête et a rasé tout ce qui dépassait. Et ces pantalons amples sur lesquels ils peuvent trébucher — ils ne sont sûrement pas à l'aise là-dedans ! Les nôtres étaient amples aussi, mais seulement à partir des genoux. À pattes d'éléphants — ça revient à la mode. Plus serrés à la taille, ils tenaient en place. C'était joli. Les leurs semblent dangereux.

En face des écoles, sur les rives du lac Cadillac, des sternes, des mouettes, et une quantité impressionnante de canards ébouriffent leurs plumes pour se protéger du froid tout en poussant des cris stridents. Un adolescent vient les retrouver sur le terrain de stationnement; il tire de sa poche un sandwich de pain blanc un peu défraîchi — les restes de son déjeuner sans doute — et en distribue les morceaux aux oiseaux. Scène touchante, me dis-je, tout en poursuivant ma route. Il aurait pu le jeter à la poubelle mais il ne l'a pas fait. Je me demande pourquoi?

Il y a des enfants partout. J'aime regarder marcher ces jeunes, avec leur fierté toute neuve, et j'aimerais bien savoir ce qu'ils veulent faire plus tard quand ils seront «grands». Des environnementalistes, peut-être. Des gardes forestiers. Des océanographes. Vont-ils y arriver ou abandonneront-ils quand ils découvriront la «vraie vie»? Notre génération voulait changer le monde, et nous l'avons fait — pas toujours pour le mieux. Nous avons crié «*Give peace a chance*», et nous avons laissé détruire la couche d'ozone. Nous avons hurlé : «Faites l'amour et non la guerre», et nous avons passé d'une relation à l'autre tandis que notre pays était impliqué dans une série de conflits. Nous avons même réclamé «Le pouvoir au peuple», mais nous avons accumulé les voitures de prestige et fermé les yeux sur la pollution qu'elles causaient.

Nous avons donné de très mauvais exemples.

Même si ces enfants ne sont que des enfants, ils nous observent attentivement. Quand j'étais adolescente, je rêvais d'être totalement différente de la génération précédente, d'avoir d'autres valeurs. Les flèches et la fronde de la grogne banlieusarde, ce n'était pas pour moi — oh non. Les gens de mon âge n'ont pas inventé le mécontentement mais ils lui ont certainement donné un nom : Kent State, Woodstock, Black Panthers, «sit-in», de très nombreux sit-in, car nous étions radicaux, *Man*!

À ma manière, je le suis encore; de là, ma carrière de reporter. Dans la quarantaine avancée, j'écris des articles sur l'environnement, je conduis un camion, je porte encore des jeans et j'ai les cheveux longs. Les idéaux du mouvement pour la paix issus des années 60 et 70 ont évolué aux cours des vingt-cinq dernières années ; j'ai continué à pratiquer le bouddhisme et j'essaie encore de « donner une chance à la paix » dans ma vie quotidienne.

Le symbole le plus important de mes jeunes années — et qui les résume bien pour moi — est le symbole de la paix. Je me souviens de Richard Milhouse Nixon abusant de ce salut en levant deux doigts — *notre* symbole de paix — au moment même où il ordonnait de lâcher une pluie de bombes sur le Vietnam. Nous l'avons détesté pour cela.

Mais ceci dit, le signe de la paix, le « V » formé en dressant l'index et le majeur, symbolisait aussi ce qu'une génération frustrée essayait d'enseigner à ses aînés : agissons différemment. Prenons soin les uns des autres et prenons soin de notre planète. Arrêtons cette guerre insensée.

Puis ce fut l'époque du disco, l'esprit matérialiste, la carte American Express, Internet, les cravates de cachemire et les emplois précaires. Que sont devenus les pacifistes doux et purs que nous pensions être autrefois ? Où sont donc passées toutes les fleurs ? Je m'attristais de ces disparitions en passant devant l'école. La pensée que ces enfants ne nous verraient jamais tels que nous étions à cette époque me remplissait de tristesse. Ils ne sauraient jamais que nous voulions changer le monde. Et maintenant c'est trop tard ; tout ce qu'ils voient ce sont des adultes assis dans des véhicules utilitaires et qui se rendent au centre commercial.

À quoi rêvent ces enfants ? Comment se manifeste leur idéalisme ? Nous avions dû les décevoir, pensai-je.

Mais aujourd'hui je comprends mieux.

Parce que ce jour-là, un gros autobus d'écolier jaune qui se trouvait devant moi s'est arrêté au feu de circulation un peu après l'école.

La moitié arrière de l'autobus est remplie de jeunes visages qui me regardent fixement. Je fredonne « *True Colors* » en suivant Phil Collins sur le CD que j'ai inséré dans le lecteur de ma voiture. Super cool.

Puis, derrière la vitre de l'autobus, un visage se détache : le visage impassible d'une petite fille avec un regard solennel, accusateur, qui semble contenir toute la lucidité de tous les temps. Elle me regarde avec sévérité — m'examinant, semble-t-il, sous toutes les coutures, puis, dans un instant d'illumination, elle décide de me faire confiance.

Instant de grâce que ce sourire esquissé par ces petites lèvres à l'arrière de l'autobus. Très étonnée, je soutiens ce regard, je lui souris à mon tour et je chante : « *True colors are shining through... I see your true colors, and that's why I love you.* » Je vois tes véritables couleurs et c'est pour ça que je t'aime...

Elle voit mes véritables couleurs — même si je suis une adulte.

Et puis, lentement, elle lève un petit bras. Un arrêt, le poing à la hauteur de son épaule droite se déplie et ses doigts se dressent pour former le signe désormais célèbre, le « V » sacré de la paix.

Bonté divine. Elle parle le même langage que moi.

Que puis-je faire d'autre ? Les yeux remplis de larmes, je lève la main moi aussi et je fais le même signe. Nous nous sourions à travers les fenêtres qui nous séparent.

Alors, un par un, les autres enfants à l'arrière de l'autobus lèvent aussi la main pour former un « V ». Nos cœurs communient, et soudain il n'y a plus de différences, plus de générations. Je continue de chanter : « Alors n'aie pas peur de leur montrer ton vrai visage, tes vraies couleurs, les couleurs franches sont magnifiques », alors que j'observe un autobus rempli d'enfants qui, sous la conduite d'une petite fille bien spéciale, agitent la main en faisant le signe de la paix.

JENNIFER GORDON GRAY

L'écoute de ses désirs peut amorcer le processus de guérison.

CATHERINE DE HUECK DOHERTY

DEUXIÈME ACTE

J'ai été grassouillette durant toute ma jeunesse. Petite fille, j'étais boulotte et adolescente, je souffrais carrément d'embonpoint. J'étais malheureuse quand j'étais jeune, et manger me réconfortait. Mais j'ai pris la mauvaise habitude de trop manger. J'ensevelissais ma faible estime de moi sous des amas de macaroni au fromage, de hot dogs et de croustilles. Ce n'est qu'à ma dernière année d'études collégiales que j'ai émergé de toute cette graisse. Je me suis mise à écouter mon cœur. J'avais peur de ce que j'allais entendre. J'imaginais des mots blessants, terribles. Ce ne fut pas le cas. Il me parla avec amour. Je me suis laissée aller à pleurer et je me suis bercée, entourant bien fort mon corps de mes bras. Je serrais contre moi trois petites couvertures élimées que j'avais gardées depuis mon enfance.

Après cette expérience, je me suis mise au travail. Durant trois ans, j'ai fait de l'exercice physique régulièrement et j'ai pris de bonnes habitudes alimentaires. J'ai commencé à perdre du poids. Un autre visage s'est dessiné : mes joues, mon menton et ma mâchoire ont changé d'aspect et j'ai pu me voir telle que j'étais vraiment.

Avant de plonger dans le monde du travail après avoir passé mon bac, j'ai examiné attentivement mes désirs les plus profonds et mes rêves les plus chers. Je me suis rendue compte que déjà petite fille, je rêvais de devenir comédienne. J'avais toujours écarté cette possibilité, croyant que je n'avais aucune chance de monter sur une scène un jour. De plus je me trouvais si laide que la seule idée de paraître devant une salle de spectateurs me remplissait d'effroi.

En 1998, un jour gris du mois de janvier, je faisais du jogging quand soudain, je ressentis une forte crampe dans le côté . J'ai marché pour reprendre mon souffle, observant les voitures disparaître dans la brume sur la route devant moi . Puis, tout en marchant, je me suis adressée à Dieu : « C'est vrai que je n'ai pas beaucoup prié dans ma vie, mais si Vous me parlez, je vais Vous écouter. Est-ce mon destin de devenir comédienne ? Ne suis-je pas orgueilleuse de le souhaiter ? » Cette pensée venait à peine de traverser mon esprit que la douleur s'intensifia. Je haletais, pliée en deux. Cela me faisait si mal que j'en avais les larmes aux yeux et que j'avais du mal à respirer. En deux ans de jogging, je n'avais jamais eu une crampe aussi douloureuse.

Aussi soudainement que la crampe était apparue, l'idée jaillit dans mon esprit. Ma prière avait été exaucée et j'obtenais la réponse à ma question : je n'étais *pas* vaniteuse. Je pourrais récolter les fruits des efforts que j'avais faits au cours des trois dernières années si j'arrêtais d'avoir une image négative de moi.

Puis une image apparut dans mon esprit tout aussi soudainement : je faisais la page couverture du magazine *Vanity Fair*. Je me voyais vêtue de noir, bien maquillée, bien coiffée, les ongles peints ; je relevais un peu mon chemisier, dévoilant au monde entier les vergetures que j'avais sur le ventre. Elle étaient les marques de mon combat, les traces de mon cheminement.

J'ai marché à grands pas dans l'air glacial et je me suis mise à pleurer. La petite fille en moi répétait : *D'accord, je serai comédienne. Mais j'ai peur. On va rire de moi.* Je sanglotais et trébuchais sur les plaques de glace.

Voilà plus d'un an maintenant que j'ai mis mes peurs de côté et que je suis montée bravement sur la scène. J'ai une meilleure estime de moi. Je suis des cours de théâtre. J'ai même joué dans deux pièces ! Tranquillement, j'apprends mon métier. Personne ne s'est moqué de moi. Au contraire, on a vanté mon talent.

À force de chercher en moi la veine d'or, je l'ai trouvée. J'ai dû polir la pierre brute que j'étais pour découvrir ma vraie nature mais aujourd'hui, j'ai l'éclat d'un bijou en or 24 carats.

JACQUELYN B. FLETCHER

LE VÊTEMENT USAGÉ

J*'avais onze ans lorsque mes grands-parents et moi avons quitté* la Hongrie occupée par l'Union soviétique pour nous réfugier en Autriche, le pays voisin, avec pour tout bagage les vêtements que nous portions. Rapidement on nous a conduits dans un camp de personnes déplacées où nous avons rejoint d'autres réfugiés. C'était en 1947.

Notre nouvelle demeure, le camp Spittal, était un monde en soi, composé de baraques alignées comme des soldats, à perte de vue . Même si nous étions à l'étroit et que l'endroit était plutôt lugubre, c'était une amélioration par comparaison avec la vie que nous avions connue dans notre pays dévasté par six ans de guerre. Nous avions un toit, on nous donnait à manger à tous les jours, et nous recevions des vêtements car il en arrivait régulièrement, des dons des États-Unis et d'autres pays.

Nous n'avions pas d'argent — du moins la plupart d'entre nous — aussi est-ce avec impatience que nous attendions la distribution de vêtements qui avait lieu au printemps et à l'automne. Et quand les vêtements provenaient des États-Unis, nous les touchions du doigt, impressionnés, car nous espérions presque tous émigrer vers ce pays.

Bien sûr les vêtements n'étaient pas neufs mais ils étaient encore bons et propres et nous les recevions avec gratitude. Il n'y avait pas de vedettes parmi nous : dans nos vêtements usagés, nous étions tous égaux — du moins, jusqu'à l'automne de 1950 ;

cette année-là, la Providence me sourit et me permit — à moi, qui n'avait rien de beau — de briller durant un certain temps.

Nous étions en ligne à nouveau, au centre de distribution, pour obtenir des vêtements d'hiver lorsque le responsable annonça : « Cette année, une riche Américaine a donné quelque chose de rare pour venir en aide aux réfugiés. C'est un magnifique manteau de fourrure très coloré, d'une taille qui convient à une jeune fille. » Il leva le manteau afin que tout le monde puisse l'admirer. Des exclamations jaillirent aussitôt dans la foule.

« Comme nous n'avons qu'un seul manteau et que les jeunes filles sont nombreuses, nous avons décidé d'organiser un tirage au sort. Les jeunes filles viendront l'essayer et toutes celles qui pourront le porter écriront leur nom sur un papier qu'elles déposeront dans cette boîte. Puis nous tirerons un papier et dévoilerons le nom de la gagnante. »

« Ce manteau devrait te faire à la perfection », dit ma grand-mère. « Vas-y, essaie-le et tente ta chance. » Le manteau était doux, pelucheux, très agréable au toucher, et j'avais vraiment envie de l'avoir ! Tout comme plusieurs autres filles. Après une longue attente, on demanda à une petite fille de plonger sa main dans la boîte et d'en tirer un papier.

« Renie Szilak », cria l'homme, en agitant un morceau de papier dans les airs. « Venez ici, jeune fille, et prenez votre manteau. »

Je restais là, abasourdie, n'arrivant pas à y croire vraiment, jusqu'à ce que ma grand-mère me donne un petit coup de coude. J'avançai, sentant les centaines de regards posés sur moi. Et en retournant à ma place avec le manteau j'entendis une voix crier dans la foule : « Tu ressembles à une vraie princesse maintenant ! » C'était la voix de Tibor, le plus joli garçon de notre école. Le rouge me monta aux joues alors que j'essayais de marcher de façon royale, comme une véritable princesse !

« Je n'arrive pas à croire qu'une fille en Amérique ait pu donner ce manteau », dis-je à mon amie Piri alors que nous revenions à notre baraque.

« Peut-être qu'il ne lui faisait plus », dit Piri.

« Mais il est si beau. Je ne vais pas m'en débarrasser, même s'il ne me fait plus », dis-je, très convaincue. « Je vais le garder toujours ! »

Piri avait deux ans de moins que moi et je la considérais un peu comme ma sœur. Nous vivions dans la même baraque ; comme son père était malade et que sa mère devait très souvent demeurer à ses côtés, Piri passait le plus clair de son temps avec ma famille et avec moi. Et comme nos deux familles avaient rempli des formulaires pour émigrer aux États-Unis, nous passions une grande partie de nos journées à rêver de notre vie future là-bas.

Donc cet hiver-là, à l'âge de quatorze ans, je suis devenue une princesse dans un camp de réfugiés ! Partout où j'allais avec mon nouveau manteau, des regards admirateurs me suivaient, et quand je me rendais à l'école, les garçons qui tendaient régulièrement des embuscades aux filles et les bombardaient de balles de neige me laissaient passer. Un jour, tandis que Piri et moi traversions la ville de Spittal, une jeune Autrichienne me cria : « Hé, la réfugiée, où as-tu pris ce magnifique manteau ? »

« Il vient d'Amérique », répondis-je fièrement en secouant mes boucles blondes, heureuse d'attirer l'attention.

Puis le printemps arriva, et je dus me résoudre à placer le manteau dans une boîte et à glisser cette dernière sous mon lit de camp dans la baraque. Mais je savais que je l'aurais encore l'hiver suivant.

Peu de temps après, nous recevions les nouvelles que nous attendions depuis si longtemps. Nos documents avaient été approuvés et en septembre nous allions monter à bord d'un bateau qui nous conduirait dans notre nouveau pays, les États-Unis d'Amérique ! Je courus porter la bonne nouvelle à Piri en souhaitant qu'elle ait reçu l'autorisation de partir en même temps que nous. Elle était dehors, le visage triste, les yeux rougis par les larmes.

« Qu'est-ce qui ne va pas ? », demandai-je, craignant d'entendre la réponse.

« Nous n'avons pas l'autorisation. Ils disent que papa a la tuberculose. Seuls les gens en santé sont acceptés en Amérique », répondit-elle lentement, et tout mon univers fut bouleversé.

Bien sûr nous avons passé les derniers mois très près l'une de l'autre mais inévitablement le jour de la séparation arriva.

Le 1er août 1951, nous nous apprêtions à nous dire adieu car j'allais bientôt monter à bord du camion dans lequel de nombreuses personnes avaient déjà pris place. On allait nous amener à Salzburg pour être vaccinés à nouveau et ensuite au port de Bremen, en Allemagne, où un bateau allait nous emmener dans notre nouveau pays.

« Ne m'oublie pas. Écris-moi », dit Piri en me serrant dans ses bras ; ses joues pâles étaient inondées de larmes. Sa mère qui se tenait près de nous pleurait aussi. Je pris conscience tout à coup que non seulement nous ne nous reverrions plus jamais mais qu'elles n'auraient pas une nouvelle vie dans un nouveau pays ; je devais alléger sa peine. Alors je partis en courant pour rattraper grand-père qui s'apprêtait à monter dans le camion, une grande boîte à la main. Je lui enlevai la boîte des mains sans lui donner d'explications et revins à toute vitesse auprès de Piri.

« Je veux que tu aies ce manteau. Je t'aime petite sœur, et je t'écrirai aussitôt que nous aurons une adresse permanente », dis-je, en déposant la boîte dans ses bras.

« Mais tu avais dit que tu ne donnerais jamais le manteau... » commença Piri.

« Je ne le donne pas. Je le prête à ma petite sœur. » Puis je courus pour grimper à bord du camion, qui allait presque partir sans moi. Mais je n'oublierai jamais l'expression sur le visage de Piri, alors qu'elle restait là, les yeux pleins de larmes, serrant la boîte très fort sur son cœur, partagée entre la tristesse et la joie. C'est à ce moment que moi, une adolescente assez égoïste, je découvrit la joie de donner.

Ce n'est qu'à la mi-novembre que je pus écrire à Piri. Je reçus quelques jours avant Noël 1951 sa réponse ; elle débordait de joie. Avec la lettre, il y avait une photo sur laquelle on pouvait apercevoir une fille aux cheveux noirs bouclés avec un immense sourire qui illuminait tout son visage. Elle portait un magnifique manteau de fourrure très coloré et elle ressemblait à une véritable princesse. Et j'en eus le cœur tout réjoui.

Renie Szilak Burghardt

II
CETTE DRÔLE DE CHOSE QU'ON APPELLE L'AMOUR

Quand j'ouvre mon cœur, je vois les choses différemment.

Jo Anna Burns-Miller

L'AMOUR SUR LE CHEMIN DE BRIQUES JAUNES

U*n jour, Sarah, ma meilleure amie, cédant à une impulsion,* décida de me présenter Kevin, un garçon qu'elle connaissait depuis l'école élémentaire. « C'est pas la peine »,dis-je, mais elle avait déjà composé le numéro et nous étions maintenant en communication avec un gars que je ne connaissais même pas.

« Kevin, c'est Sarah. Mon amie Ranae est en ligne avec nous. »

C'est malin, pensai-je. *Me voilà engagée.* Mais la voix de Kevin — profonde, riche et douce à la fois, comme une crème glacée à la vanille qui glisse doucement sur une tarte aux pommes chaude — changea tout cela. « Ranae, qu'est-ce que tu fais de bon ? » Un sourire idiot aux lèvres, je m'effondre sur le plancher, je ferme les yeux et je bois ses paroles. Nous étions tous les trois au téléphone, mais la communication qui s'établit entre Kevin et moi devint si intense que Sarah n'existait plus, même quand elle parlait. À chaque jour, durant les deux mois suivants, la voix de Kevin me chavira ; je n'étais plus la même.

C'est au centre commercial que nous nous sommes vus pour la première fois. Nous y sommes arrivés exactement au même moment. Mon amie me souffla : « C'est Kevin, juste devant toi ! » Pendant que je fixais attentivement le derrière de sa tête, mes genoux se transformèrent en Jell-O. Une boule de la grosseur du mont Éverest resta coincée dans ma gorge. Il était avec un autre garçon et tandis que je l'observais, il se retourna. Oh bon sang, ai-je pensé, il semble aussi nerveux que moi.

J'ai poussé mon amie vers lui. « Va lui parler. Dis-lui de venir me rencontrer au rayon des produits de beauté ». Elle roula les yeux, secoua la tête et se dirigea vers lui comme un cheval à l'abattoir pendant que je me précipitais dans le magasin. Quelques minutes plus tard il était là, dans l'entrée, l'air plutôt mal à l'aise à côté d'un étalage d'huile de bain à la pastèque. Tout en retenant mon souffle, je me dirigeai rapidement vers lui et lui tendis une petite pièce de monnaie. Je parvins à bredouiller quelque chose au sujet de la chance. Lamentable ! J'avais envie de fuir ou de me cacher.

« Hé, Ranae. Qu'est-ce que tu fais de bon ? » Il parlait comme s'il n'avait pas remarqué les conneries que je venais juste de débiter ; si je ne me suis pas effondrée, c'est bien parce qu'il avait passé un bras autour de mes épaules. Un mélange de Tommy Hilfiger et de Dieu lui-même, me dis-je. J'aurais pu m'évanouir ou aller courir le marathon, je ne sais trop mais au lieu de cela, nous sommes allés prendre une crème glacée. Quand le vendeur me tendit la coupe, la cuillère rebondit et envoya valser les morceaux de noix — tels des cailloux sur une route de montagne — sur le visage de Kevin. J'arrêtai de respirer, mais Kevin rit tout en rougissant. Je me pris à espérer que la route de montagne ne soit pas pour nous un mauvais présage.

Deux semaines plus tard, la veille de mon seizième anniversaire de naissance et cinq jours avant la Saint-Valentin, nous sommes officiellement devenus un couple. Nous étions en amour et nous étions inséparables. Avoir seize ans c'était bon ! Bon ! Bon ! Je connus mon premier baiser avec Kevin — et plusieurs « premières expériences » amoureuses. Un soir où j'étais malade, il grimpa sur le balcon pour m'apporter un bol de soupe chaude ; la chanson « Toi et Moi » de *Roméo et Juliette* devint alors *notre* chanson. Nous accumulions les couvercles de boîtes de soupe instantanée pour les échanger contre des baisers. Un baiser contre un couvercle de boîte, et défense de tricher. Nous gardions notre monnaie pour acheter des pierres vertes des machines distributrices au centre commercial où nous nous étions rencontrés la première fois. Vert, pour la Cité de l'Émeraude. Vert, comme ses yeux.

Avec Kevin, je pus exprimer le meilleur de moi-même. Je l'aimais de façon inconditionnelle, mais par-dessus tout, j'aimais notre amour. C'est pourquoi je fus moi-même très étonnée de ma décision de mettre fin à cette relation. Comment expliquer cela ? Vous savez, quand vous êtes tout le temps avec quelqu'un, vous finissez par oublier qui *vous* êtes, même si vous aimez beaucoup cette personne. Peu importe la raison, « Toi et moi » c'était terminé.

Après cette rupture, je perdis la notion du temps. Les jours se ressemblaient, on aurait dit qu'ils s'amoncelaient comme un éboulis sur une route de montagne. Je ne savais plus qui j'étais lorsque nous étions ensemble, et maintenant que je l'avais perdu, j'avais l'impression d'avoir perdu la meilleure partie de ce que j'avais découvert en moi grâce à lui.

Un soir je rendis visite au meilleur ami de Kevin, en espérant secrètement qu'il vienne faire un tour. Ce qu'il fit. Le fait de se retrouver dans la même pièce était étrange, bizarre même, et très pénible. Tout ce que nous avions partagé autrefois était là, sur le canapé, comme un rocher invisible entre nous, pendant que la lueur de la télé dansait devant nos yeux. Nous faisions des efforts incroyables pour ne pas tomber dans les bras l'un de l'autre. Je ne me sentais pas très bien. Je pris ma pommade aux fraises et j'en couvris mes lèvres douloureuses. Ce n'était pas tant le soleil qui avait rendu mes lèvres brûlantes, que le désir irrépressible d'un baiser. Les yeux verts de Kevin rencontrèrent mes yeux couleur bleuets et il éclata en larmes, devant son meilleur ami et sa copine assis en face de nous, complètement sidérés.

L'ami de Kevin parvint à demander : « Qu'est-ce qui ne va pas ? » pendant que ce dernier sortait en courant. Je haussai les épaules.

Quelques mois plus tard je revis Kevin et je perdis tous mes moyens encore une fois. Nous avons compris que nous ne pouvions vivre l'un sans l'autre et nous avons repris notre relation. Durant un certain temps, cet amour fut notre petit sentier de briques jaunes qui nous conduisait tout droit à la Cité d'Émeraude et j'ignorais les avertissements le long du chemin. Nous échangions moins souvent des couvercles de boîte pour des baisers et ces derniers étaient moins électrisants qu'avant. Les pierres vertes ne semblaient plus aussi romantiques non plus. Mais je tenais absolument à être en amour jusqu'à ce que frapper du talon trois fois et faire un vœu ne fonctionne plus. Cette fois, c'est Kevin qui m'a laissée tomber et j'ai pleuré.

Le jour où il m'a quittée, je suis retournée chez moi et j'ai brûlé tout ce qui me faisait penser à lui : les couvercles de boîtes et les pierres vertes, le maillot que je portais le jour de notre première rencontre au centre commercial, j'ai même vidé trois boîtes de soupe au poulet et nouilles dans la poubelle et j'ai jeté les boîtes au feu. J'ai échangé toutes ma petite monnaie pour des billets. Je pensais qu'en me débarrassant de toutes ces choses qui me rappelaient Kevin, je pourrais mettre un terme à ma souffrance et ne plus traîner cette blessure amoureuse dans mon cœur.

Avec le temps, je finis par guérir et Kevin également. D'une certaine façon, nous avons guéri ensemble, exactement comme nous nous étions aimés. Parfois, quand je traverse seule le centre commercial et que je vois une machine à sous avec des pierres vertes, j'en prends une en souvenir de mon premier amour. Pour me rappeler que chaque amour est une pierre précieuse sur le chemin de la Cité d'Émeraude.

RANAE QUASHNOCK

PATINS À ROULETTES ET PLAQUES D'IMMATRICULATION

Scrich…swish…scrich…swish…il faudrait que mon père huile ma balançoire. Mes cheveux ne sont pas attachés, ils flottent librement sur mon cou car je sais que Drew m'observe. Habituellement mon estomac n'est pas aussi crispé lorsque je me balance. Je ferais peut-être mieux de ne pas monter trop haut. Drew est perché sur la colline en face de moi et l'ombre de son vélo descend jusqu'à la pelouse. Pourquoi ne vient-il pas jouer avec moi tout simplement ? Et bien, tant pis pour lui.

Je saute de la balançoire et grimpe les marches de la véranda de notre maison, sans jeter un seul regard en arrière. Je peux tout aussi bien aller jouer en avant, devant la maison. Son meilleur ami habite de l'autre côté de la rue ; c'est bien pratique pour lui ! Il peut s'asseoir et parler de moi tout en me dévisageant. Je me sens comme si j'étais un bouton que quelqu'un essaierait de dissimuler ; tout le monde voit le bouton et essaie de regarder ailleurs, comme s'il pouvait exploser à tout moment.

De retour à l'école, j'entends des gloussements de rire alors que je passe tout près de la table où Drew est installé pour le déjeuner. Pourquoi me fait-il cela ? S'il n'arrête pas, je ne pourrai me présenter à la patinoire samedi soir. Il serait bien capable de m'humilier …en musique et sous les projecteurs impitoyables de la discothèque. Si j'y vais, alors tout le monde saura mon embarrassant secret. Drew Seek, le plus beau garçon de quatrième année du cycle primaire… me déteste !

Puis plus tard cette semaine-là : toc toc. « Bonjour Madame Carrington. Je m'appelle Drew Seek. Je me demandais si Michelle voudrait euh… venir nager chez moi ? Ma mère est à la maison, elle…elle dit que vous pouvez lui téléphoner. » Oh mon Dieu ! Est-ce dangereux si mon cœur bat si vite ? J'ignorais qu'on pouvait avoir de la sueur sur le dessus des bras comme ça. L'arrivée de ma mère vint mettre un terme à ma panique. « Michelle ? Un visiteur pour toi. Veux-tu aller te baigner chez Drew ? » Le même garçon qui m'a torturée durant des semaines est là. « Bien sûr ».

Après cet après-midi là, j'ai bien voulu aller patiner. J'avais même très envie d'y aller. Je rencontrerais Drew là-bas. Le samedi soir, l'endroit était bondé. Tout le monde serait là.

Nous avons patiné ensemble, Drew et moi. En fait, nous avons patiné l'un à côté de l'autre. On a baissé l'éclairage et le DJ a demandé que seuls les couples descendent sur la piste. J'avais peine à croire que Drew et moi formions un couple ! La pièce qui jouait était « Quand j'ai besoin de toi » de Leo Sayer. Nous étions trop timides pour nous tenir par la main. Alors nous avons patiné l'un à côté de l'autre et de temps en temps, nos épaules se frôlaient accidentellement. C'était probablement mieux ainsi. J'étais mal à l'aise et j'avais les mains moites. J'avais peut-être le rhume.

Je réalisai rapidement que je n'avais pas attrapé un rhume mais que j'étais pincée — mon premier amour. Finalement nous nous sommes tenu les mains. C'est le premier garçon que j'ai embrassé sur les lèvres. C'est le premier garçon qui m'a dit qu'il m'aimait. Bon, d'accord… c'est son meilleur ami qui me l'a dit pendant que lui, les mains sur les oreilles, refusait obstinément de sortir de la piscine, mais en quatrième année, c'était bien suffisant pour moi. Nous avons scellé notre amitié avec une plaque d'immatriculation jouet sur laquelle était inscrit :

Seek
et
Carrington

Nous avons passé l'été à jouer à la cachette et au jeu du chat. J'étais contente de voir l'automne arriver car j'allais pouvoir assister aux pratiques de foot de Drew. Il était si mignon, si grand, si beau tout à la fois. Il m'envoyait la main en courant sur la piste. Je rêvais à l'année scolaire qui allait bientôt commencer. Nos casiers seraient peut-être l'un à côté de l'autre, nous aurions peut-être les mêmes goûters. Sa pratique terminée, un soir, alors que l'air un peu frisquet était réchauffé par l'odeur des feuilles brûlées, Drew me conduisit au sommet de la colline derrière notre maison. La même colline sur laquelle il était perché lorsqu'il essayait de rassembler son courage pour venir me parler.

J'ai flotté jusqu'à la cuisine, la joue encore chaude du baiser timide que Drew m'avait donné avant de s'enfuir à bicyclette à travers le terrain de base-ball qui séparait nos deux quartiers. Le dîner était servi. Contrairement à son habitude, papa ne regardait pas les nouvelles à la télé. Il écoutait toujours les nouvelles à l'heure du dîner. Pas ce soir-là. Il avait quelque chose à m'annoncer. Il me demanda de m'asseoir à table et ma mère versa le thé ; en silence, mon père mit du beurre sur son pain. Puis il me regarda et me dit que nous allions quitter bientôt cette petite ville du Midwest où je me sentais chez moi pour déménager à Las Vegas !

Un serrement de gorge. Terreur. Panique. S'il vous plaît, non, pas encore. J'aime mon école. Je commence à connaître le voisinage. Je n'ai pas fini de vider les boîtes depuis le dernier déménagement, il y en a encore dans ma garde-robe. Et les tablettes que tu avais promis d'installer dans ma chambre ? Et le chat ? Est-ce qu'on peut l'emmener ? Oh bonté divine ! Et Drew ? Et nous qui voulions grandir ensemble ? Et notre première danse ? Comment faire pour avoir nos permis de conduire en même temps ? Terminer nos études secondaires ensemble ? Aller au collège ? Se marier ? Avoir des enfants ? Vieillir ensemble ?

Papa ne pourrait jamais comprendre ma déception. Tout mon univers s'écroulait. Toute explication était inutile. Ce serait la bagarre. Mon père crierait. Ma mère pleurerait. Et tout serait de ma faute. En rougissant je souris et demandai tranquillement : « Quand partons-nous ? »

Drew m'écrivit trois fois puis nous avons perdu contact. Six ans plus tard, j'avais encore son numéro de téléphone et je l'ai appelé. Bien sûr il habitait au même endroit, il avait la même piscine et le même jardin. Il s'appelait Andy maintenant — Drew était le diminutif de Andrew. Il ne jouait plus au foot. Il aimait la mécanique automobile. Nous nous sommes écrit deux fois seulement avant de perdre tout contact à nouveau.

Aujourd'hui, la vue d'une patinoire me fait sourire et mon cœur se réchauffe lorsque je songe à Drew, mon amour d'enfance. J'aime me rappeler ces soirées fraîches : on se cachait ensemble, on se promenait à vélo ou bien on se regardait, tout simplement. Mes souvenirs sont si vifs que je peux sentir l'odeur de l'herbe et entendre aboyer le chien du voisin dans la cour arrière. Aujourd'hui, j'ai une vie agréable et bien remplie mais j'aime encore ce souvenir qui me fait du bien et me réchauffe le cœur.

MICHELLE CARRINGTON

Aujourd'hui soyez la réponse à la prière de quelqu'un.

C. YVONNE BROWN

PRÉPARER NISHA

Au mois de juin dernier, j'ai dû donner Nisha. Je savais pourquoi elle devait partir ; mais bien que ce soit pour une bonne cause, elle a emporté avec elle un morceau de mon cœur ; je l'avais élevée depuis qu'elle était toute petite, je l'avais vue évoluer, pas à pas.

Tout avait commencé un été, alors que j'étais en vacances avec ma famille. En parcourant un sentier, maman et moi énumérions différentes activités possibles pour moi ; on cherchait une activité qui pourrait m'intéresser, me permettre de rencontrer d'autres jeunes de mon âge et prendre des responsabilités. Maman me dit que lorsqu'elle était jeune, elle avait grandi dans une « famille 4-H ». Tous ses frères et sœurs faisaient partie d'un groupe 4-H local et elle avait adoré cette expérience.

Le lendemain, en descendant vers le lac, je vis près du quai une fille qui promenait un petit chien qui portait un gilet vert ; intriguée, je me suis approchée et me suis présentée. Elle entraînait le chiot, dit-elle, pour qu'il puisse servir de guide à un aveugle ; c'est un club 4-H de Californie qui lui avait confié cette responsabilité. Nous avons bavardé quelques instants, puis j'ai couru jusqu'à la maisonnette dire à ma mère ce que je voulais faire.

Juste avant que l'école ne recommence, nous avons trouvé le nom du groupe 4-H qui s'occupait de l'entraînement des chiens d'aveugle. J'ai rempli un formulaire puis deux animateurs sont venus à la maison pour m'interviewer et poser certaines questions aux membres de ma famille. Est-ce que j'étais bien consciente de la responsabilité que représentait l'éducation d'un chiot qui, plus tard, serait un chien d'aveugle ? J'assurai que j'allais faire du bon travail.

Nous avons reçu un appel téléphonique en janvier : on nous disait que notre petit chien arriverait bientôt — en fait, ce serait une chienne, une Labrador blonde. J'attendais ce jour avec impatience. Papa et moi, nous avons été la chercher et j'ai craqué. C'était la plus mignonne, la plus jolie chienne que j'aie vue de ma vie. J'ai su aussitôt qu'il n'y aurait pas de meilleur chien d'aveugle qu'elle.

« Elle s'appelle Nisha », dit l'entraîneur. *Nisha*, pensai-je. Nous avions tous essayé de deviner son nom et j'aimais beaucoup le son de Nisha. Je souris en la serrant contre mon cœur.

En travaillant avec elle, j'ai compris à quel point les chiens sont intelligents. Les chiots destinés à être des chiens d'aveugle semblent savoir qu'ils sont différents des autres et qu'ils sont nés pour exécuter un travail bien spécial. En tant qu'éducatrice d'un chiot, votre travail consiste à l'aimer, à lui enseigner les règles de base de la maison, et à lui donner l'occasion de socialiser — en l'exposant à différentes situations et en l'amenant le plus souvent possible à différents endroits. Nisha adorait aller en voiture, et elle aimait les enfants. J'avais la permission de l'emmener partout où un chien d'aveugle entraîné peut aller, dans les magasins, par exemple, dans un autobus et à l'école.

Nisha avait des gros sourcils comme Groucho Marx. Elle avait une façon de dresser la tête et de lever les sourcils qui me faisait pouffer de rire. Elle écoutait bien aussi. Si j'avais besoin de parler à quelqu'un, Nisha était toujours là. Elle adorait se faire frotter le ventre. Si je m'assoyais sur le plancher, elle venait vers moi et elle faisait un saut périlleux entre mes jambes.

Une année s'écoula. Toute la famille s'était attachée à elle mais nous savions tous qu'il faudrait un jour la laisser partir pour un entraînement intensif d'une durée de cinq mois ; et elle devait aussi rencontrer sa nouvelle partenaire au cours du dernier mois de cette période d'entraînement.

Le jour prévu, nous l'avons conduite en voiture — sa dernière promenade avec nous — et, après lui avoir dit adieu en la serrant longuement dans mes bras, je l'ai confiée à un entraîneur du campus. Alors que l'employé la conduisait au chenil, elle s'est retournée et m'a regardée un instant, puis la porte s'est refermée derrière elle. Elle se sentait un peu perdue, et j'étais très triste, mais je savais aussi que quelqu'un avait besoin d'elle. Cette nuit-là j'ai pleuré dans mon lit en serrant sa couverture sur moi — celle sur laquelle elle dormait tout près de mon lit. Le lendemain matin, c'est le son de la pluie qui m'éveilla et non les coups de langue de Nisha — sa langue mouillée et chaude sur mon visage…

Cinq mois passèrent pendant lesquels je reçus régulièrement des nouvelles de Nisha : elle avait traversé les cinq étapes essentielles pour devenir un chien d'aveugle. À la mi-mai, on m'envoya une lettre officielle m'annonçant que Nisha recevrait un diplôme de guide et qu'elle habiterait ensuite chez Audrey. On m'invitait à présenter officiellement Nisha à l'aveugle lors de la cérémonie de remise des diplômes.

Nous nous sommes tous levés tôt car nous avions deux heures de route à faire en voiture pour nous rendre sur le campus . J'étais très excitée à l'idée de revoir Nisha ! Je me demandais si elle avait beaucoup changé. Nous avons attendu à la résidence universitaire. Puis ils l'ont fait sortir. Son apparence était la même ; à peine un peu plus grosse, elle était toujours aussi belle avec son poil roux et doré. Sa démarche était plus majestueuse qu'avant. Elle était très contente de nous voir. Nous avons rencontré Audrey avant la cérémonie et nous avons pu constater qu'elle et Nisha s'aimaient beaucoup.

Audrey avait soixante-douze ans. Elle s'occupait de la comptabilité d'un bowling dans une petite ville près de Seattle. Nous avons ri et j'ai dit à Audrey qu'un bowling était à peu près le seul endroit où je n'avais pas emmené Nisha. Vers la fin de son entraînement, Audrey avait emmené la chienne au bowling et celle-ci avait bien aimé l'endroit !

À la remise des diplômes, il y avait douze éleveurs de chiots. Nos chiens, en laisse, étaient à nos côtés. Audrey et les autres diplômés étaient assis sur la scène. Devant une salle bondée, un des entraîneurs de l'école souhaita la bienvenue à tous et il fit un petit discours. Puis, les diplômés se sont levés, un par un et la personne qui avait élevé le chiot conduisait ce dernier sur la scène et remettait la laisse à l'aveugle. Chaque chien s'asseyait alors comme il l'avait appris et attendait l'ordre suivant. Tout le monde avait la larme à l'œil dans la salle. Chaque diplômé plaisantait en décrivant l'entraînement auquel il ou elle avait participé durant un mois ; les aveugles racontaient comment ils avaient appris à faire « un » avec le chien et comment, durant ce processus, ils étaient tombés en amour avec lui. Quand ce fut mon tour, Audrey me remercia d'avoir élevé Nisha. J'étais très heureuse du rôle que j'avais joué pour aider Audrey à « voir ».

Puis l'heure du retour arriva, et j'ai embrassé encore une fois Nisha et Audrey. Audrey me dit de la considérer comme une grand-mère ; elle m'écrirait et m'enverrait des photos de Nisha. En partant, je me suis retournée et Nisha m'a regardé droit dans les yeux — puis elle a regardé Audrey. Elle connaissait son travail et j'ai su qu'ensemble, Audrey et elle allaient faire une équipe du tonnerre.

Quelques semaines ont passé depuis la cérémonie de remise des diplômes et maintenant j'ai une nouvelle petite tannante. Elle s'appelle Norway — et avec mon aide, elle rendra une autre personne très heureuse et beaucoup plus libre.

KRISTEN SNYDER

Si je ne l'avais pas rencontré
j'aurais rêvé à lui.
Anzia Yezierska

UN ANGE DÉGUISÉ

Durant un été particulièrement chaud, en Louisiane, Danny et moi travaillions comme animateurs au camp de la paroisse ; nous avions tous les deux dix-neuf ans. Il était affectueux et gentil. Et, comme le font souvent les jeunes gens, nous élaborions des plans d'avenir. Il allait devenir médecin et moi, infirmière. Tout concordait parfaitement. À la fin du semestre d'automne je poursuivrais mes études au même collège que lui. Nous avions tout prévu — du moins c'est ce que je croyais.

Au cours de la dernière semaine du camp, il commença à faire le décompte des heures avant le week-end ; il me réservait une surprise, disait-il joyeusement. « Seulement cinquante heures ! ». Jeudi arriva. « Shelly, plus que vingt-quatre heures ! » Ce serait notre première sortie officielle après avoir travaillé ensemble tout l'été. Nous avons sauté dans sa voiture et nous avons d'abord été manger au restaurant. Lorsque nous sommes sortis, le soleil se couchait.

De retour à la voiture, il refusa de me laisser voir où nous allions. Il devait, disait-il, me bander les yeux avant d'aller plus loin. En riant, nous imaginions la tête des autres conducteurs tout au long du chemin ! Nous avons roulé longtemps avant qu'il n'arrête son camion. Il m'a donné la main et nous avons marché dans la fraîcheur du soir. Et nous sommes arrivés dans une sombre forêt que seule la lune éclairait. Il s'assit sur le sol à côté de moi, puis il demanda à Dieu de faire de cette nuit la plus belle expérience de notre vie.

J'ouvris les yeux et la vue me coupa le souffle. Danny m'avait amenée dans le jardin de prière. C'était un endroit spécial et sacré entouré d'eau, de fougères, de fleurs et d'arbres. Nous étions assis très près l'un de l'autre ; c'était la pleine lune et la lumière de notre petit feu de camp illuminait doucement la croix de six pieds de haut qui se trouvait de l'autre côté du lac, en face de nous.

Nous étions dans les bras l'un de l'autre, parlant à voix basse ; et, en vénérant Dieu, nous avons pleuré en Lui demandant d'exercer Sa volonté dans nos vies. Nous avons parlé et rêvé durant des heures. À la fin de la soirée, dans une petite clairière entourée de pins, nous regardions le ciel magnifique lorsque passa un météore — comme si Dieu avait apposé sa signature sur notre petit morceau de paradis. Une finale parfaite pour une soirée parfaite.

Mes parents avaient invité Danny à passer cette dernière nuit chez nous avant son retour chez lui pour reprendre ses études. Au matin, nous nous sommes dit au revoir à regret. J'ai commencé à pleurer et il m'a serrée bien fort en disant : « Je ne veux pas que tu aies mal ». Mais j'avais mal. J'avais le cœur brisé. « J'aimerais ne pas être obligé de partir », murmura Danny. Je souhaitais exactement la même chose.

Il était là, devant la maison, avec son regard pénétrant, ses yeux noirs mystérieux qui brillaient et dans lesquels je percevais une étrange tristesse. Toute sa tête semblait nimbée de lumière et sa chevelure chatoyante aux mèches dorées étincelait. Je me souviens de ses mains — douces, propres et lisses, avec de longs doigts minces. Danny me regarda d'une façon inhabituelle et il murmura : « Shelly, tu vas beaucoup me manquer. Je t'en prie, ne m'oublie jamais. »

Sans sourire, il me prit les mains et me demanda de prier pour lui afin qu'il arrive chez lui sain et sauf. Puis, il me donna un dernier baiser, mit son casque, grimpa sur sa motocyclette et partit. Je le vis s'éloigner, sortir de ma vie, partir pour ne plus jamais revenir.

Bouleversée par cet adieu si particulier, je revins à la maison le cœur lourd. Danny avait écrit un mot et l'avait posé sur la table afin que je le découvre après son départ. Il avait écrit « Prie pour nous » et il avait copié un verset de la Bible : *Faites confiance au Seigneur de tout votre cœur et méfiez-vous de votre propre intelligence. Reconnaissez-Le toujours et Il vous montrera le chemin.* Il était onze heures. En moins d'une heure, tout mon univers s'écroula. Quarante-cinq minutes après avoir quitté la maison, Danny fut impliqué dans un accident qui lui coûta la vie.

La vie perdit tout son sens, pour moi. Ma douleur était si grande, ma peine insurmontable. J'étais si désespérée que je demandai à Dieu de me permettre de rêver à Danny. Mes prières furent souvent exaucées et après l'un de ces rêves, j'ai eu l'impression d'avoir vraiment passé du temps avec lui ; j'ai eu l'impression que nous avions pu nous dire des choses essentielles et régler certains détails. Nous nous sommes même fait des adieux dans un de ces rêves et avec le temps, j'ai commencé à guérir.

Six années ont passé depuis le décès de Danny. Il y a quelques temps, un soir assez tard, je jouais dehors avec mon chien. J'ai regardé vers le ciel et aussitôt la demande de Danny m'est revenue en mémoire : « Shelly, je t'en prie, ne m'oublie jamais. » Encore une fois, j'eus le cœur lourd, mon désespoir refit surface comme un écho au nom de Danny. Je me sentais coupable car je n'avais pas pensé à lui depuis un bon bout de temps. Le sentiment de solitude et la tristesse passaient en vagues successives dans ma poitrine. Je demandai à Dieu de me ramener Danny une dernière fois. J'avais oublié le son de sa voix, la couleur précise de ses cheveux et la bonté dans ses yeux.

Moins d'une semaine plus tard, encore une fois, j'avais oublié Danny et ma prière. Je m'étais jetée à corps perdu dans le travail et les activités incessantes de la vie quotidienne. Le dimanche, à l'église, je me suis assise sur l'avant-dernier banc. Le service commença et je remarquai à peine qu'un homme s'était installé derrière moi. Durant un chant de communion, je me suis tournée pour saluer l'étranger derrière moi. Mon cœur cessa de battre durant un instant et je sentis une chaleur divine envelopper tout mon corps. Il tendit le bras et prit ma main en esquissant lentement un sourire, comme pour dire : « C'est bien ». Puis il me fit un clin d'œil. Ses yeux étaient plus beaux qu'avant. Sa chevelure avait toujours des reflets dorés. Je souris en songeant à ma prière de la semaine précédente. Il se leva. Très étonnée, je le regardais avec affection alors qu'il s'avançait pour prendre ma main. Avant qu'il ne retourne s'asseoir, je remarquai ses mains — des mains très belles — des mains qui pouvaient soigner — les mains de Danny.

J'eus du mal à refouler mes larmes. J'étais impatiente de parler avec lui à la fin du service, mais quand je me suis tournée à nouveau, il était parti. Il avait disparu, aussi doucement, aussi tranquillement, qu'il était apparu. Il n'a parlé à personne et personne d'autre que moi ne semble l'avoir remarqué.

De retour à la maison, je dis à maman ce qui venait de se passer. Elle réfléchit un instant puis demanda : « Quel jour sommes-nous ? » Après réflexion je répondis : « Le quatorze ». Mes yeux se remplirent de larmes — Danny était mort le quatorze. Il était toujours venu me voir en rêves à cette date précise.

Cet après-midi là, je me rendis sur sa tombe pour la dernière fois. *Un ange déguisé.* Cette épitaphe prenait tout à coup une signification toute particulière pour moi.

SHELLY CLARK

UN MOMENT MAGIQUE

Parfois dans la vie, un événement prend une signification particulière et se grave pour toujours dans notre mémoire. Un moment magique se détache ainsi de l'ensemble de mes souvenirs. J'étais assise dans le hall de l'hôtel *Contemporary* à *Disney World*. J'avais treize ans. Mon père, ma belle-mère et ses parents achetaient des souvenirs dans les boutiques tout près de là. Il y avait beaucoup de monde et le bourdonnement des voix emplissait le vaste espace au toit vitré. Des plantes tropicales luxuriantes baignaient dans la lumière dorée du soleil. Un à un, les monorails glissèrent en douceur puis s'arrêtèrent et la fébrilité du jour fit place à la tranquillité du soir.

J'étais seule sur un banc et j'observais les gens. Nous avions passé la journée au Royaume magique et j'étais fatiguée. Je remarquai un garçon — un très beau garçon — qui avait à peu près mon âge. Appuyé contre une colonne, il m'observait, tout simplement. Il avait des cheveux bruns soyeux et il souriait. Mon cœur palpita.

À ma grande surprise, il s'avança et vint s'asseoir à mes côtés. Tout près de moi. Il sentait bon, si bon que je me suis toujours demandé quelle était cette odeur. La nervosité s'empara de moi tandis que je cherchais désespérément une façon d'entamer la conversation.

« Salut », dis-je.

« Salut », répondit-il.

Une longue pause. Mal à l'aise, tous les deux nous avons changé de position.

« Quelle sorte d'eau de Cologne utilises-tu ? »

« Je ne sais pas », répondit-il avec indifférence. « C'est celle de mon père — du musc, quelque chose comme ça. »

Il toucha le ballon que je tenais dans les mains. Un ballon à l'effigie de Mickey Mouse, je ne l'oublierai jamais. Puis il se pencha vers moi et m'embrassa si doucement mais avec une telle chaleur que j'en eus le vertige.

Aussitôt après, je me sentis très indépendante — comme si j'étais devenue adulte d'un seul coup. Ce baiser a peut-être éveillé la femme en moi. J'éprouvais pour la première fois un doux émoi et je goûtais à la liberté.

Et puis, exit le garçon magique. Ma belle-mère surgit ; elle voulait savoir pourquoi cinq minutes à peine après qu'on m'ait laissée seule, j'embrassais un étranger dans le hall d'un hôtel. Je ne la blâme pas d'avoir été gênée : le garçon m'avait embrassée sous les yeux de ses parents. La vérité c'est que je ne savais ni comment ni pourquoi je m'étais retrouvée assise là, en train d'embrasser un étranger. Tout ce que je savais c'est que j'avais aimé ça et que je me retrouvais dans le pétrin.

Au retour, assise à l'arrière de la voiture, la tête appuyée contre la fenêtre, je regardais dehors en silence, tout en tenant mon ballon Mickey Mouse près de mon visage. Grâce au ballon et à son odeur, le garçon m'accompagna tout au long du chemin de retour. Et le souvenir du baiser se grava dans mon cœur.

Je conservai ce ballon pendant plusieurs années ; je ne sais si c'est en souvenir du garçon ou du sentiment d'indépendance qui m'avait envahie à ce moment-là — ce ballon était peut-être un symbole magique du passage à l'âge adulte.

Près de vingt ans plus tard, un jour, au restaurant Columbia à Tampa, je me suis retrouvée assise près d'un homme dont le visage m'a intriguée. En m'approchant de lui, j'ai humé les effluves d'un parfum fantastique — une fragrance dont le souvenir me ramenait loin dans le passé. Je lui demandai ce que c'était. « Je ne sais pas, dit-il, j'ai oublié le nom. » En le regardant droit dans les yeux je me suis demandé…

CHERIE PEDÉ

Vous ne pourrez jamais compter que sur vous-même alors, pourquoi vous rabaisser ?

Janis Joplin

FAITES ATTENTION À CE QUE VOUS DEMANDEZ

« *Trouve-moi un gars* », *dis-je à Kara, un soir, en sautant* sur son lit. Elle se moqua de moi. Nous avions souvent plaisanté en disant que de toutes les filles de notre club d'étudiantes, j'étais la seule qui n'avait pas besoin d'un homme et qui allait au collège pour y faire des études.

Peu de temps après, je rencontrais Ryan. Ce jour-là, nous nous sommes promenés durant des heures en parlant de tout et de rien sous le soleil. Il me trouvait fascinante et j'en étais ravie. Ryan m'enviait car je savais ce que je voulais faire dans la vie et j'étais prête à prendre les moyens nécessaires pour y arriver ; de plus, j'étais très populaire sur le campus et ma famille et moi avions tissé des liens solides. À partir de ce jour, nous fûmes inséparables. Les gens disaient que nous formions un couple parfait et ce fut le cas durant un certain temps. Mais il y avait un problème. Pour moi, Ryan était simplement un petit ami de collège. Je ne le voyais pas comme « l'homme de ma vie » et je ne pouvais imaginer l'avenir avec lui. Je pris conscience de cela moins de six mois après le début de notre relation. Un jour d'été, alors que je rendais visite à Ryan dans sa ville natale, je lui demandai de m'accompagner au centre commercial. Je voulais acheter une bague toute simple, pour porter à tous les jours. Il avait trouvé la bague idéale, me dit-il ; le vendeur nous la présenta : c'était un diamant qui devait coûter une fortune. J'ai bien failli m'évanouir ! J'avais trop de projets, de rêves et d'objectifs à atteindre !

Je voulais entreprendre une carrière et obtenir une certaine stabilité financière avant de songer au mariage.

En quittant le centre commercial, nous nous sommes disputés. « Pourquoi me places-tu dans une situation aussi embarrassante ? Je n'ai pas du tout l'impression que nous allons nous marier ! » Convaincu que nous allions un jour nous marier, Ryan était atterré. Alors la violence qui l'habitait fit surface. Il fracassa le pare-brise de ma voiture.

Quand l'école recommença, je voulus mettre fin à notre relation mais il m'enjôla avec des mots doux ; et pourtant, je savais qu'il pouvait adopter un comportement menaçant. Nous avons décidé de fréquenter de nouvelles personnes tout en continuant à nous voir. Je m'étais fait de nouveaux amis depuis quelques semaines et un des garçons m'invita au cinéma. Ce fut une très belle sortie, une des plus belles rencontres de ma vie. C'était un parfait gentleman qui m'ouvrait la porte et qui me tenait la main en marchant. Une soirée magnifique et je lui exprimai ma reconnaissance au moment de nous quitter. « On devrait toujours te traiter comme si tu étais de l'or », me dit-il. Puis il a murmuré : « Michelle, au fond de toi, tu sais que tu mérites mieux que ça, que cette relation avec Ryan. » Sur ce, nous nous sommes séparés.

Ryan avait laissé de nombreux messages sur mon répondeur. Le club d'étudiants auquel il appartenait organisait une petite fête ce soir-là et quelques-unes de mes amies s'y rendaient. Je décidai de me joindre au groupe et j'allai retrouver Ryan ; et je finis par lui avouer que j'étais sorti avec un autre garçon. Il devint fou furieux. Effrayée par son attitude, je voulus quitter sa chambre. Je m'éloignais déjà lorsqu'il referma brusquement la porte et me poussa contre elle. Je n'ai jamais eu aussi peur de ma vie. C'est son regard qui m'effrayait le plus. Finalement je parvins à libérer une de mes mains et à lui donner un coup dans les flancs. Il me laissa partir et je quittai la pièce en courant. Les jours suivants, il téléphona, m'envoya des cartes et m'inonda de petits mots qui m'ont fait craquer à nouveau. Il *semblait* avoir changé.

La violence physique devenant plus fréquente, je me suis retirée de la société. Une vie secrète a commencé pour moi. Mes amis essayèrent de m'aider, mais je les envoyais promener à chaque fois : j'excusais la conduite de Ryan et je refusais de reconnaître qu'il abusait de moi. J'étais régulièrement en retard à mon travail et j'essuyais les reproches de mon patron. Mes résultats scolaires étaient lamentables et je maigrissais à vue d'œil. Cette relation commença aussi à affecter ma vie familiale. À chaque fois que je téléphonais à la maison, ça tournait mal. Ma meilleure amie et colocataire ainsi que ma sœur s'éloignèrent de moi. La saga « Michelle et Ryan » avait épuisé leur patience et elles ne voulaient plus entendre parler de moi.

Un soir, Ryan et moi étions en train de préparer le dîner à son appartement lorsque je lui dis : « J'ai demandé à une autre personne de m'accompagner au bal de mon club d'étudiantes. Je regrette, mais nous sommes trop instables tous les deux en ce moment. » Il se leva et dit : « Si je ne peux t'avoir, personne ne t'aura ! » Même si j'avais très peur, je n'ai pas reculé. Une terrible bagarre a éclaté ; nous nous frappions avec tout ce qui nous tombait sous la main, incluant les plats du dîner. Ryan était encore plus furieux que d'habitude parce que cette fois, je me défendais. Il m'immobilisait et me frappait encore plus fort. À un certain moment — comme si j'étais sortie de mon corps — j'ai vu mon reflet dans la porte de la cuisine tandis que nous nous battions. Je ne me souviens pas avoir éprouvé de la douleur. Je me répétais sans cesse : Michelle, tu vaux mieux que cela. Tes parents t'ont donné une bonne éducation. Imagine la colère de ton père s'il te voyait présentement ? Sortant de ma torpeur, j'ai mis fin à la bagarre et je suis sortie.

J'étais de plus en plus dépressive et je fuyais les gens. Un jour, un de mes professeurs me demanda de rester après la classe et me dit : « Michelle, je ne vais pas te demander ce qui se passe dans ta vie, mais je vois bien que tu n'es plus la même. Tu es en retard aux cours, tu ne remets pas des devoirs à temps et tu ne participes plus aux activités. J'ai remarqué tout ça et je m'interroge : où est passé ton enthousiasme ? » Je suis partie sans dire un mot. Mais je ne pouvais cacher plus longtemps ma vie secrète.

Cet été-là, j'ai essayé de me retrouver et j'ai évité Ryan le plus possible. Je rencontrais de nouvelles personnes, je revoyais de vieux amis, et j'essayais de prendre soin de moi. Ryan découvrit que je fréquentais un autre homme. Il s'introduisit dans mon appartement, saccagea ma chambre et laissa un mot terrible. Accompagnée de ma colocataire, je me rendis au poste de police où nous avons déposé une plainte. L'officier promit d'intervenir, Ryan n'oserait plus m'approcher ; et c'est exactement ce qui s'est passé. Nous ne nous sommes jamais revus.

Après avoir sondé mon âme, après avoir parlé, m'être rapprochée de mes amis et de ma famille, je me suis retrouvée. J'ai regardé la vérité en face, j'ai dénoncé l'abus et j'ai mis fin à ma vie secrète. Et c'est ainsi que Ryan perdit tout pouvoir sur moi.

Je regarde ma vie aujourd'hui et je me sens reconnaissante. J'ai la joie pour guide, je suis forte, indépendante et, à nouveau, j'ai un but dans la vie. Il faut faire attention à ce qu'on demande. « Trouver un gars », n'était pas ce dont j'avais besoin. Aujourd'hui, je veux fréquenter un homme qui me traitera « comme si j'étais de l'or ».

MICHELLE THOMAS

MON VÉRITABLE AMOUR

De *minuscules gouttes de pluie glissaient sur la vitre et le* vent s'engouffrait dans l'avant-toit en sifflant. Après avoir glissé un disque dans l'appareil, je me mis au travail. J'ai trié les chemises et les robes suspendues dans la garde-robe, me débarrassant de plusieurs d'entre elles en les enfouissant dans un grand sac de plastique. Puis je me suis attaquée au fouillis du bas et j'ai jeté de vieux souliers de tennis, une paire de vieilles pantoufles roses et les souliers plats de couleur pêche avec lesquels j'avais dansé à la fin de ma septième année. Sous un vieux sac à dos, j'ai déniché ma « boîte à souvenirs » : un corsage défraîchi que j'avais porté lors de la remise des diplômes à la fin de mes études secondaires, quantité de photographies anciennes, des notes griffonnées et des lettres d'amour nouées avec des rubans de satin blanc. Assise sur le plancher, j'ai entrepris un voyage dans le temps.

Sur une photo jaunie prise lors d'une petite fête chez des voisins, le charmant visage du jeune Jimmy me sourit. Ce voisin qui avait un interstice entre les incisives, partageait toujours ses bonbons avec moi. Autre signe distinctif : la visière de sa casquette des Pirates de Pittsburgh était toujours rabattue sur son œil gauche. Nous étions inséparables cet été-là, mais que pouvais-je savoir de l'amour à cette époque ? J'avais à peine cinq ans.

Robin était bien mignon avec ses cheveux roux foncés et sa pluie de taches de rousseur sur le nez. C'est le premier garçon à m'avoir apporté des fleurs — une poignée de marguerites un peu fanées avec leurs racines—et c'est le premier à m'avoir demandé de sortir avec lui. Un seul problème. Le cinéma était à une dizaine de rues plus loin et nous n'avions pas encore l'âge de traverser la rue.

J'eus un coup de cœur, un élan, hélas à sens unique, envers Gary, durant trois longues années. Je ne sais pas exactement ce qui m'attirait chez lui. Ce n'était pas le gars le plus beau ou le plus populaire de l'école. Mais il avait quelque chose de plus que les autres… il jouait de la batterie. J'adorais le voir pratiquer avec deux crayons sur le dessus de son pupitre en bois, mais il rendait *complètement fou* notre professeur de géométrie !

Dale, le clown de neuvième année, ne fit que passer dans ma vie, quand j'avais quinze ans. Il était très grand et aussi mince qu'un spaghetti et il arrivait toujours à me faire rire. Malheureusement, il s'aspergeait copieusement d'eau de toilette Old Spice. L'horrible odeur et ses mains baladeuses finirent par me faire fuir.

J'ai une tendresse toute particulière pour Ronnie. Il était très sensible, et vraiment adorable avec ses yeux noirs encadrés de longs cils épais et ses cheveux bouclés attachés sur la nuque. Son sourire faisait fondre mon cœur mais, malheureusement, il n'était pas très intelligent. J'espère sincèrement qu'il a trouvé une femme riche pour prendre soin de lui.

À la seule vue de Bob, je cessais de respirer et mes genoux commençaient à trembler. À l'âge de dix-sept ans, j'étais sûre que c'était l'homme de ma vie. Bob était incroyablement beau, avec des cheveux couleur blé et de grands yeux bleus. Hélas ! Il avait un cœur de pierre et il s'acharnait à rendre malheureuses plus de filles que ne pouvait le faire Leonardo DiCaprio. Ce n'était pas de l'amour que je ressentais pour lui mais un pur désir sexuel.

Ainsi plusieurs souvenirs me revinrent en mémoire. Certains me firent sourire, d'autres me rendirent un peu triste. Après avoir examiné chacun d'eux avec affection, je rangeai mes souvenirs et les images s'estompèrent peu à peu.

Tandis que je rassemblais les photos et que je les attachais avec les rubans, une autre image traversa mon esprit. Ce ne fut d'abord qu'une ébauche qui se précisa par la suite ; je ne peux encore discerner les traits du visage ni visualiser d'autres caractéristiques physiques. Néanmoins, l'image s'est précisée avec les années et je peux percevoir sa gentillesse et son intelligence ; je peux clairement voir ce qu'il porte en son cœur. Il est chaleureux, romantique et attentif ; il comprend mes émotions, et il veut m'accompagner dans tous mes projets. Il m'apporte des fleurs et me fait rire, et il aime autant la musique que moi. Il est généreux, bon et compatissant et il ne met *pas* d'eau de toilette Old Spice.

Même si nous ne nous sommes pas encore rencontrés, je sais que je le reconnaîtrai. Il aura quelque chose de *spécial*. J'en aurai le souffle coupé, mes genoux trembleront et son sourire fera fondre mon cœur.

MARGARET J. (MIMI) POPP

UNE BEAUTÉ INOUBLIABLE

Après la mort de Belle, nos voisins nous ont dit très souvent qu'ils s'ennuyaient d'elle : ils la voyaient encore, tôt le matin, traverser la haie en se tortillant pour venir quémander une caresse sur la tête ou les oreilles. Le facteur me demanda pourquoi Belle ne le saluait plus d'un jappement lorsqu'il venait livrer le courrier. Nos proches qui connaissaient notre chienne depuis sa naissance nous firent parvenir des cartes de condoléances.

Mais ni la gentillesse du facteur, ni les commentaires des voisins ou les cartes des amis ne purent endiguer la peine qui nous submergea après la mort de Belle. Durant des jours et des jours, nous ne pouvions nous regarder sans pleurer ; nous nous serrions dans les bras les uns des autres, encore et toujours, cherchant un réconfort. Nos repas se déroulaient dans un silence quasi total. Finies les querelles entre les enfants. Je ne me décidais pas à enlever le bol dans lequel nous avions déposé sa nourriture pendant plus de douze ans. La mort de Belle fut particulièrement difficile pour son maître Éric, notre fils, qui avait partagé son lit avec elle depuis sa naissance.

C'est Éric qui avait découvert sa chienne bien-aimée dans le coma et qui nous avait réveillés en criant vers deux heures du matin. « Belle, Belle, allons viens, réveille-toi ! Réveille-toi ! » Nous avons sauté hors du lit et sommes entrés en collision avec Éric qui se précipitait dans notre chambre. « Maman ! Papa ! C'est Belle ! Je crois qu'elle est en train de mourir ! »

Avec tout ce boucan, nos filles se sont réveillées, et nous nous sommes rassemblés tous les cinq autour du lit d'Éric ; tour à tour, nous posions notre main sur le chien, nous nous serrions dans les bras les uns des autres sans savoir quoi faire. Fallait-il téléphoner au vétérinaire ? La société protectrice des animaux possédait-elle une salle d'urgence, un hospice ? Devions-nous nous agenouiller, rester debout, nous habiller, rester en pyjamas ? Et Belle ? La rigidité cadavérique allait-elle nous empêcher de la soulever ? D'une bonne taille, ce chien d'arrêt allemand à poil court pesait bien 35 kilos. Elle était d'un âge avancé et nous savions depuis un certain temps déjà que ses jours étaient comptés. Maintenant, sa mort était imminente. Nous avons réalisé qu'elle pouvait se produire dans les deux prochaines heures.

« Sortons-la du lit », dit mon mari. « Nous réussirons peut-être à l'envelopper dans une couverture et à la descendre sur la véranda. » Alors, doucement, les hommes de la famille l'enveloppèrent dans l'édredon et descendirent les marches une à une avec leur fardeau. Tout en sanglotant, les filles et moi suivions en procession.

« Son cœur bat encore », dit Éric, qui s'installa sur le plancher de la véranda et la berça doucement dans ses bras. La corne de brume du port du Lac Michigan émit un long gémissement qui devint pour nous un chant funèbre et qui, traversant l'obscurité, fit écho à notre peine. Seul Éric pouvait réconforter sa Belle qui agonisait dans ses bras. Les quatre autres témoins avaient perdu la voix.

Un par un, nous nous sommes éloignés, afin de laisser seuls ce jeune homme et son chien. C'était lui qui appelait Belle à chaque matin et c'était la dernière voix qu'elle entendait à chaque soir. Il lui parlerait sûrement de ces plages du lac Michigan où ils avaient joué si souvent et des bâtons qu'il lui lançait et qu'elle rapportait toujours ; de la livraison des journaux du matin qu'ils avaient fait ensemble durant tant d'années ; des jeux bruyants à travers les champs de *Door County*... Et la joie d'avoir grandi ensemble… il la remercierait, pour sa loyauté, pour la confiance qu'elle nous avait témoignée et pour la protection qu'elle avait accordée aux filles quand celles-ci étaient petites. Nous avons laissé Éric la réconforter, comme elle nous avait toujours réconfortés en nous accueillant avec joie à chaque fois que nous revenions du boulot ou de l'école.

Belle mourut dans les bras d'Éric vers cinq heures du matin.

Quand nous avons réveillé les filles pour leur annoncer la nouvelle, elles éclatèrent en sanglots, tout en répétant : « Oh ma Belle, oh ma Belle ».

Deux mois plus tard, alors que je bordais les filles sous leurs édredons, elles me demandèrent si nous pouvions avoir un autre chien. Sans attendre la réponse, elles commencèrent à énumérer différents noms.

« Et que pensez-vous de Belle II ? »

« Non, non, je pense qu'on devrait l'appeler la Bête. Tu sais, comme dans la Belle et la Bête. »

« Peut-être *deux chiens* — La Belle et la Bête. »

Excellente idée, pensai-je. Deux petites boules de poils ne seront pas de trop pour remplacer la beauté extraordinaire que nous avions autrefois.

JEAN JEFFREY GIETZEN

Les amis sont des anges qui nous remettent sur pied
quand nos ailes ont oublié la façon de voler.

AUTEUR INCONNU

AISHA, MARCUS ET ADRIAN

À *l'âge de dix-huit ans, je fis un jour le calcul suivant : j'avais* fréquenté l'école durant quinze ans, je m'étais saoulée au champagne une fois, je m'étais baignée à poil trois fois, et j'avais vraiment craint pour ma vie deux fois — la première lorsque j'avais avalé un peu trop d'eau de mer, quelque part au large des côtes de la Floride, et la seconde, lorsque j'étais en huitième année et que mon père avait vu mes notes de physique. L'amour n'occupait pas une grande place dans ma vie ; mes résultats scolaires, mes amies et mes sorties durant les week-ends constituaient mes principales préoccupations.

J'ai rencontré Marcus alors que je commençais mes études collégiales. Je ne me souviens pas exactement quand ou comment, mais tout à coup je le vis dans l'embrasure de la porte de la chambre que j'occupais à la résidence des étudiantes, et c'était comme s'il était déjà venu avant. Durant les premières semaines, nous étions simplement des amis. Il m'écoutait attentivement et témoignait de l'empathie lorsque je lui racontais mes problèmes avec les garçons ; il me faisait rire et m'accompagnait souvent à la cafétéria — ce que j'appréciais — car la perspective d'avoir à me présenter seule à cet endroit m'intimidait beaucoup. Puis un soir pluvieux, alors que nous nous rendions dîner, nous avons partagé un parapluie. Il avait passé son bras autour de mes épaules, je me sentais bien et j'avais envie qu'il m'embrasse. Plus tard ce soir-là, nous sommes retournés dans ma chambre contempler par la fenêtre les lumières de la ville rendues floues par la pluie, et selon l'expression consacrée, vous connaissez la suite de l'histoire.

Marcus était mon premier petit ami et il devint bientôt mon premier amour. Deux mois après notre première rencontre, durant le cours d'informatique, je dessinais dans ma tête le carton d'invitation de notre mariage. C'était l'homme de ma vie. J'ai toujours tout planifié — de la date de ma graduation à la fin de mes études secondaires, en passant par mon cursus universitaire, et jusqu'à la couleur des robes des demoiselles d'honneur à mon mariage. Et Marcus s'inscrivait bien à l'intérieur de mes projets. J'étais convaincue que mon premier amour serait aussi le dernier. Il voulait être radiologiste. Je serais avocate. Nous serions un couple modèle comme dans *The Cosby Show*.

J'adorais qu'il me prenne la main, j'adorais m'endormir dans ses bras. Mes parents vinrent à l'école pour le rencontrer et nous sommes tous allés dans un restaurant thaïlandais. Il n'eut qu'à tirer galamment la chaise de ma mère pour qu'elle soit conquise. Plus tard, au dessert, elle me fit un clin d'œil et me dit à l'oreille que c'était un bon parti. Durant le congé de l'Action de Grâces, nous avons été au centre commercial ensemble. Sous un comptoir vitré, j'ai aperçu une bague surmontée d'une perle noire et d'un diamant ; quelques minutes plus tard, celle-ci se retrouvait à l'index de ma main droite. Un soir de décembre, vers 2 heures du matin, j'en étais au chapitre 12 du manuel scolaire de psychologie et il me restait quatre chapitres à lire. Je lisais un texte sur les patterns d'apprentissage des chimpanzés lorsqu'en levant les yeux, je vis Marcus près de la porte, un café et une rose couleur pêche à la main. Quand il vint me retrouver durant les vacances de Noël, je fus enchantée de constater qu'il s'entendait bien avec Adrian, ma meilleure amie.

Adrian habitait de l'autre côté de la rue depuis dix ans. Nous étions les meilleures amies du monde depuis la quatrième. Elle m'avait aidée à trouver un nom pour mon petit cochon d'Inde.

Nous avions fait partie de la même compagnie de Guides. Elle me prêtait un bijou lorsque je n'avais pas ce qu'il fallait pour accompagner une toilette, et elle m'aidait à dénouer mes tresses le soir, ce qui pouvait prendre des heures. Nous sommes tombées endormies, chez l'une ou chez l'autre, trop de fois pour pouvoir les compter. Dès le début, elle et Marcus se sont bien entendus. Ils avaient tous les deux le même sens de l'humour et adoraient se moquer de moi. Tous les deux aimaient les jeux vidéos et les bandes dessinées. Et Adrian savait que j'étais heureuse. C'est ce qui comptait le plus pour elle.

Puis, au début de mars, un soir brumeux comme il y en a souvent au Connecticut, nous nous promenions tous les deux et Marcus me dit qu'il n'était plus en amour avec moi. Cette nouvelle me porta un coup terrible. Au téléphone, durant une heure ce soir là, Adrian tenta de me convaincre qu'il y en aurait d'autres et que je ne devais pas me cacher dans ma chambre pour le reste de l'année. C'était tout juste avant le congé du printemps et cette semaine-là, je ne pus jeter un seul regard à Marcus ; durant les vacances d'été, j'amenai mon cœur meurtri chez ma grand-mère, en Floride. Elle me faisait frire des bananes et m'enlevait l'appareil téléphonique des mains à chaque fois qu'elle se doutait que je m'apprêtais à téléphoner à Marcus. Puis, lentement, j'ai commencé à guérir. De retour de Floride, cependant, un message m'attendait. J'étais encore en amour et moins d'une semaine après notre retour à l'école, Marcus et moi étions à nouveau inséparables.

Puis commença une série de réconciliations et de séparations. Nous nous disputions souvent et je ne pourrais compter le nombre de fois où nous avons rompu. On ne pouvait s'entendre sur quoi que ce soit. Choisir une cassette vidéo était une corvée. Décider de ce que nous allions manger suscitait la controverse. Nous n'étions même pas d'accord sur la musique que nous voulions entendre en nous embrassant. Et, séparés, on s'ennuyait l'un de l'autre. Persuadés de ne pouvoir se passer l'un de l'autre, on se réconciliait toujours. Maintenant je sais que c'était plutôt la crainte d'être seul et le désir sexuel qui nous ramenaient ensemble. Tout alla bien durant un certain temps. Puis un jour, nous avons compris que nos caractères étaient diamétralement opposés. Le besoin d'être ensemble et l'amour que nous croyions avoir l'un pour l'autre se transformèrent en affrontements malheureux et en silences de pierre. Et nous avons eu mal.

Adrian n'est jamais restée silencieuse. J'étais tellement absorbée par ma relation avec Marcus que j'espaçais mes appels téléphoniques et mes messages de courriers électroniques. Puis je reçus un message. « Où étais-tu ? Qu'est-ce que ce garçon t'a fait ? Téléphone-moi. » Et sans hésiter, elle me dit que ma relation avec Marcus n'était plus une relation saine pour moi. Mais j'ignorai son avis car je croyais être la seule à savoir ce qui me convenait.

Entre Marcus et moi, il n'y avait pas que de l'hostilité. Quand il m'embrassait, tout allait bien. Il savait me prendre dans ses bras, prendre mon visage dans ses mains, il savait que je soupirerais d'aise quand il me caresserait le dos.

Mais il fallait que je prenne soin de moi. J'adorais ses baisers, la façon dont il me tenait dans ses bras, mais cela ne pouvait compenser les larmes, les disputes, les « tu avais dit que tu téléphonerais » et les « pourquoi tu ne m'aimes plus ». Je devais choisir.

Lorsque j'ai mis fin à ma première histoire d'amour, vers qui me suis-je tournée ? L'été était arrivé ; en larmes, j'ai traversé la rue en courant et je me suis jeté sur le lit d'Adrian. Deux jours plus tard, nous regardions ensemble les feux d'artifices du Quatre Juillet au-dessus de la *East River* à Manhattan.

Et un peu plus tard, dans mon cœur, j'ai dit adieu à Marcus. C'est un garçon de l'école qui m'a montré le pouvoir d'un premier amour et c'est une fille qui habitait juste en face de chez moi qui m'a enseigné la force tranquille de l'amitié.

AISHA D. GAYLE

III
PROBLÈMES DE CROISSANCE

En cherchant à l'éviter ou en se laissant submerger par elle ; en la gérant ou en la transcendant, nous découvrons l'importance de la souffrance.

AUDRE LORDE

LE SWEAT-SHIRT DE SOUTHWICK

L*e son de sa voix me fit sursauter. « Voudrais-tu un sweat-shirt ?* » Son souffle chaud, trop près de mon oreille, me mit mal à l'aise. Perplexe, je crus déceler un peu d'impatience dans son regard tandis qu'il me demandait à nouveau : « Voudrais-tu un sweat-shirt ? ».

« Euh, oui. » J'avais répondu machinalement. Prenant conscience soudainement de ce que je venais de dire, je commençai à paniquer. *« Non, je ne veux pas de sweat-shirt. Je suis nouvelle ici. Tu n'es pas sensé m'offrir quelque chose. »* Il me fourra dans les mains un tissu bleu et chaud. Submergée par une vague de gêne, je rougis brusquement. Trop tard pour le lui remettre maintenant. De façon maladroite, j'enfilai le vêtement informe. Puis, baissant les yeux, j'aperçus les grosses lettres blanches sur ma poitrine : « David Southwick/classe terminale. » Oh, j'aurais préféré qu'il ne me demande pas si j'avais froid.

Plus j'y pensais, pire c'était. Il m'avait posé cette question parce qu'il m'avait vue frissonner. Que je sois venue à la répétition du groupe de majorettes mal préparée, sans sweat-shirt, l'ennuyait probablement. J'en avais apporté un mais je l'avais déposé à l'extrémité du terrain de football. Angoissée, j'attendais avec impatience la fin de la pratique pour me sortir de ce pétrin. J'appréciais qu'il ait pensé à moi, mais j'aurais de beaucoup préféré qu'il ne remarque rien. Qu'est-ce que sa petite amie allait s'imaginer ? Et tous les autres, qu'allaient-ils penser ? Je ne flirtais pas. C'était un accident !

Le regard du directeur était posé sur moi. « Allons, maintenant, gardez l'intensité ! » beugla-t-il.

Convaincue que cette remarque s'adressait à moi, je m'efforçai de me concentrer sur les exercices. « On se calme », me dis-je fermement. « Le mieux que je puisse faire c'est de le porter, et de prendre mon mal en patience. Dans quelques minutes la pratique sera terminée et on nous laissera partir. Je lui remettrai son sweat-shirt et tout sera fini. »

J'avais trop chaud, j'étais gênée et très mal à l'aise. Angoissée, j'avais toutes les peines du monde à rester concentrée. Les minutes s'égrenaient une à une, chaque d'elle semblait durer une éternité mais enfin, la pratique se termina. L'ordre de rompre les rangs fut donné. Je m'obligeai à marcher lentement, en refrénant mon désir de fuir à toute vitesse le terrain de football.

J'enlevai le sweat-shirt, l'air décontracté. Après avoir repéré David, je lui mis dans les mains le coton ouaté bleu. « Merci », ai-je bredouillé en lui remettant le vêtement avec empressement, un léger sourire aux lèvres.

Manifestement, il pensait à autre chose. « Oh, il n'y a pas de quoi ». Il saisit son sweat-shirt et s'éloigna sans regarder derrière lui.

Soulagée et enfin libérée, je respirais à petits coups. Puis je partis de mon côté en tâchant de retrouver mes esprits. « Il l'a repris sans y accorder la moindre attention. Ni lui, ni personne d'ailleurs », me dis-je. Je pus enfin me détendre. Avec un petit rire de soulagement, je ramassai mon propre sweat-shirt et m'éloignai.

BRIANNA MAHIN-AYERS

BORDÉ DE DENTELLE

Au cours de notre existence, nous faisons tous des expériences que nous souhaiterions pouvoir oublier ; l'une d'elles, particulièrement traumatisante pour moi, s'est déroulée durant une session d'éducation physique, au cours de la première année de mes études secondaires.

Après les exercices, nous devions obligatoirement prendre une douche. À cette époque, je n'accordais aucune importance au fait d'être dotée d'attributs féminins remarquables. Par contre, je découvris que c'était une préoccupation majeure chez mes camarades de classe ; un jour, au vestiaire des douches, je surpris une conversation entre deux filles plus âgées que moi. Elles comparaient leurs mensurations : l'une d'elles, le dos appuyé contre le mur, vérifiait si en baissant les yeux elle pouvait apercevoir ses pieds et dans quelle mesure ceux-ci dépassaient de sa poitrine. La mesure des pieds cachés par la poitrine était, semble-t-il, le critère qui déterminait si un corps d'adolescente était acceptable. Je pouvais, en baissant les yeux, apercevoir mes pieds sans aucune interférence. Par conséquent, j'ai passé la plus grande partie de l'année scolaire tapie derrière les vêtements suspendus, entrant et sortant du vestiaire à la vitesse d'une coureuse olympique.

Finalement, le sentiment de gêne devint trop envahissant. En revenant à la maison, un après-midi, je dis à ma mère : « Je dois acheter un soutien-gorge ».

« Pourquoi ? », demanda-t-elle.

Accablée, je répondis : « Parce que toutes les autres filles en ont un ».

Maman demeura silencieuse un instant, puis elle dit : « Nous irons magasiner samedi ».

Sachant que je pourrais bientôt me promener la tête haute, j'occupai mon esprit en accomplissant les tâches ménagères et en faisant mes devoirs.

Le samedi suivant, après avoir garé la voiture au centre-ville, nous sommes entrées chez *Eiband's*. En franchissant le seuil, je me suis dit : « Quand je sortirai d'ici je serai complètement transformée et plus jamais je ne serai ridicule. » J'étais loin de me douter de ce qui m'attendait.

Dans une ancienne cabine d'ascenseur grillagée, nous sommes montées au deuxième étage. Après avoir tourné à gauche, nous avons aperçu un étalage de magnifiques sous-vêtements en dentelle. J'essayais de paraître mature, d'avoir l'air de connaître ces choses, mais je savais que personne n'était dupe.

« Puis-je vous aider ? »

Je levai les yeux et me sentis aussitôt soulagée. Cette personne ne me connaissait pas.

« Oui », dit ma mère. « Nous cherchons un soutien-gorge ».

Le regard de la vendeuse passa de ma mère à moi puis revint à ma mère. « Bien sûr. Quelle taille ? »

« Et bien… maman hésita. À vrai dire, je ne sais pas. C'est pour ma fille. »

« Très bien. » La dame sourit, se tourna vers moi et dit : « Si la jeune dame veut bien venir avec moi à la salle d'essayage, je prendrai ses mesures. »

Je gémis intérieurement. Ne pouvait-elle le savoir simplement en regardant ? Elle me demanda de retirer mon chemisier et elle prit discrètement mes mensurations par dessus ma camisole. Elle demeura immobile un moment et dit « Hum. » Puis elle sourit et ajouta : « Je reviens tout de suite ».

Le petit tabouret bleu rembourré installé près du miroir semblait invitant et je me suis assise. La conversation filtrait à travers la porte à claire-voie.

« J'ai bien peur que nous n'ayons pas ce qui convient à votre fille », dit la dame. (Les soutiens-gorge de conditionnement physique n'avaient pas encore été inventés).

Ma mère poussa un profond soupir. « C'est bien ce que je pensais, mais auriez-vous objection à lui laisser essayer le modèle le plus petit que vous ayez ? »

« Bien sûr que non », dit la femme.

Durant quelques minutes, j'entendis le bruit des tiroirs que l'on ouvrait et que l'on refermait, le bruissement des papiers puis la vendeuse revint dans la salle d'essayage.

« Aimeriez-vous essayer un de ceux-là ? », me demanda-t-elle avec enthousiasme en me montrant une collection de soutiens-gorge en coton bordés de fines dentelles.

Je décidai de les essayer tous. Elle quitta la salle, et je dus me transformer en contorsionniste pour attacher la bande élastique dans le dos. Chaque essai me décourageait un peu plus : ils étaient tous terriblement inconfortables et contraignants. Maintenant je comprenais ce qu'un cheval harnaché pouvait ressentir. Mais ce n'était pas tout. Les bonnets ne s'ajustaient pas du tout. D'ailleurs, ils n'étaient même pas à moitié remplis. Des coups frappés à la porte me firent sursauter.

« Avez-vous besoin d'aide ? » me demanda-t-elle gentiment et je perçus dans sa voix beaucoup de sollicitude.

« Non merci, madame, j'ai décidé de prendre le blanc et le bleu. »

Je lui tendis les soutiens-gorge dans l'entrebâillement de la porte puis je me rhabillai, les yeux pleins de larmes. La magie n'avait pas opéré et je n'étais pas différente.

Lorsque nous sommes sorties dans le soleil de l'après-midi, j'ai bien cru que les choses iraient de mal en pis.

« Nous avons quelques minutes », me dit ma mère. « Voudrais-tu une *root beer* glacée ? »

Ah, maman connaissait le chemin direct jusqu'à mon cœur.

Lundi arriva trop vite. Je mis mon nouveau soutien-gorge de coton blanc qui se retrouva complètement écrasé par mes vêtements. Après les exercices physiques, j'essayai de me déshabiller le plus rapidement et le plus discrètement possible pour la douche obligatoire. J'allais pousser un soupir de soulagement quand j'entendis: « Regarde, elle a un soutien-gorge ! »

Au milieu des rires aigus une fille dit : « Je me demande bien pourquoi, elle n'a rien à mettre dedans. » Les rires fusèrent de partout. Je pris ma douche et me rhabillai, sachant que la nouvelle se répandrait bien vite.

Vers la fin de l'année scolaire, je découvris que les étudiantes qui faisaient partie de l'orchestre étaient exemptées de la période d'exercices physiques. J'eus aussitôt un désir irrépressible de faire partie de cet orchestre. Je pris rendez-vous avec le directeur musical. En apprenant que j'avais déjà fait des études en musique, il m'accepta aussitôt dans le groupe. Après avoir passé cette épreuve avec succès, je croyais bien que tous mes problèmes étaient terminés. Je ne me doutais pas de ce qui m'attendait. Il fallait qu'on prenne mes mesures pour mon uniforme. Ce qui aurait pu se faire sans problème, sauf que les étudiants, garçons et filles, étaient assemblés dans une même pièce et que les mensurations de chaque personne étaient répétées à haute voix.

Le moment tant redouté arriva et on m'appela. Je m'approchai bravement et me durcis intérieurement pour affronter les rires et les plaisanteries qui ne manqueraient pas de fuser de partout. La personne qui prenait les mesures annonça : « Vingt-huit, dix-huit, vingt-huit. » Je retins mon souffle. Rien. Aucune remarque sarcastique. Rien. On appela la personne suivante et je retournai à ma place. Je rassemblai mes livres et sortis de la salle de musique le dos droit et la tête haute. La vie n'était peut-être pas si moche après tout.

JUNETTE KIRKHAM WOLLER

BIEN ASSEZ JOLIE

Il se passait beaucoup de choses dans ma vie d'adolescente ; tout ce que je faisais semblait contrarier ma mère ; je ne portais pas de soutien-gorge ; une frange de cheveux d'une longueur impossible me tombait constamment dans le visage et mes vêtements n'étaient pas très propres. Je ne me préoccupais pas du tout de mon apparence, rien ne pouvait avoir aussi peu d'importance à mes yeux. Aucun fond de teint sur le visage, aucune coupe de cheveux ; je n'émettais aucun commentaire sur la mode sauf pour dire que je portais toujours des vêtements de couleur noire, donc faciles à agencer.

Je ne ressemblais pas du tout à ma meilleure amie, une fille aux cheveux blonds qui, dans un magasin de cosmétiques, aurait pu trouver tout ce qu'elle voulait les yeux bandés — à l'exception de son reflet en passant devant les miroirs.

Jennifer était devenue mon amie parce qu'elle était en amour avec mon frère aîné. C'était la seule raison. Nous avions fait nos études secondaires à la même école mais les membres du corps de majorettes ne frayaient pas avec les membres du club de poésie. La répugnance était mutuelle — toutes les deux, nous préférions fréquenter des personnes qui nous ressemblaient.

Nous avons bavardé pour la première fois le jour où elle a suivi mon frère, de l'école jusqu'à la maison, dans sa nouvelle Mustang. Ce jour-là, je lavais mon chien bâtard (un mélange de berger allemand et de coyote) dans l'entrée du garage lorsqu'elle est arrivée ; j'ai su immédiatement que quelque chose chez elle m'attirait. Malgré toute sa superficialité et sa vanité, elle était brutalement honnête au sujet de ses sentiments et de ses besoins. Je respectais cela. Ce trait de caractère lui donnait de la « substance ». Malheureusement, elle pouvait aussi se révéler *trop* honnête.

Cette année-là, j'étais en amour avec un jeune homme très évolué, un garçon très intelligent et d'une grande profondeur ; malheureusement, il me laissa tomber un samedi matin fatidique et le soir, en l'absence de mon frère, Jennifer consentit à m'accompagner au cinéma.

Au centre commercial où se trouvaient les cinémas, il y avait une longue file d'attente. Sortir ensemble un soir où tout le monde sortait en couple nous mettait mal à l'aise toutes les deux. Après avoir jeté un coup d'œil tout autour pour voir si elle ne reconnaîtrait pas quelqu'un dans la file — et n'ayant trouvé personne — Jennifer entama la conversation avec moi, la fille mal habillée qui par hasard se tenait à côté d'elle.

Nous avions déjà parlé de ma souffrance au cours de la matinée et de l'après-midi et j'avais promis de ne plus pleurer jusqu'à mon retour à la maison. Mais ici dans la file, inutile de tenter de parler d'autre chose. Elle savait que ma peine me consumait.

« Il faut que je te dise », commença-t-elle, « je l'ai vu avec une autre fille, hier. Il avait passé son bras autour de sa taille et on aurait dit un couple d'amoureux, vraiment. » Ainsi, après une journée passée à m'écouter à contrecœur, elle avait fini par cracher le morceau.

Évidemment, j'étais au bord du suicide, mais je réussis à souffler doucement : « À quoi ressemble-t-elle ? »

« Et bien, dit Jennifer, elle a les cheveux roux noués sur la nuque. Et un joli petit visage. Joli, vraiment. » Elle n'y allait pas par quatre chemins, et ne manifestait aucune compassion.

Je me sentais vulnérable mais, incapable de taire plus longtemps ma préoccupation la plus secrète, je demandai : « Est-elle plus jolie que moi ? »

Elle avait maintenant l'occasion de se racheter. Une occasion en or de m'aider à assumer ce terrible choc. Mais hélas, elle demeura fidèle à elle-même. Jennifer me regarda en souriant — un sourire condescendant qui semblait dire : j'étais une majorette et toi, non — et répondit « Toi, tu n'es *pas* une *jolie* fille. »

J'ignore comment elle est retournée chez elle ce soir-là. Et je ne me souviens toujours pas quel film j'ai raté. J'ai même oublié pourquoi j'aimais ce garçon. Mais cette fille m'a enseigné quelque chose de très important. Je n'ai jamais oublié son affirmation, et je me souviens encore du ton voilé qu'elle avait adopté pour « établir simplement les faits ». Mais aujourd'hui, à chaque fois que j'aperçois mon visage dans le miroir ou sur une photo, je ne la crois plus.

Je l'ai tenue responsable des nombreuses difficultés qu'il m'a fallu surmonter après cette soirée — mes insécurités, mes agissements serviles et ma quête incessante de beauté. J'ai laissé son commentaire contrôler ma vie pendant très longtemps — jusqu'à ce que je sois obligée de grandir et de trouver ma beauté intérieure ; de laisser tomber le fardeau que représentait pour moi *sa* perception ; et d'être moi-même, tout simplement, sans bravade aucune.

À mon mariage, le photographe m'a obligée à changer la perception que j'avais de moi-même. La naissance de mes garçons également, entre autres, parce que je n'avais plus le temps de penser à mes vêtements ou à des produits de beauté. Et les seuls beaux visages dont je me préoccupais étaient ceux de mes enfants.

Je n'ai aucune idée de ce qui est arrivé à Jennifer. Aujourd'hui, j'ai une vie bien remplie, avec des journées productives, souvent fatigantes mais magnifiques, une vie de femme *bien assez jolie.*

BETH SCHORR JAFFE

La vérité est un guerrier invisible
qui vous épargne le tumulte du champ de bataille.

IYANLA VANZANT

SNICKERS ET PARDON

M*adame Huggins, mon professeur de quatrième année,* mesurait 1,60 m ; elle avait des cheveux blonds coupés courts, un visage rond, un corps plutôt rondelet et elle sentait le *Pledge* au citron. Ce n'était pas une beauté mais pour moi, elle était — et est encore aujourd'hui — la personne la plus charmante qui soit.

L'été précédent, je m'étais rendue, avec ma famille, à Myrtle Beach en Caroline du Sud pour assister au pique-nique organisé par la compagnie de meubles où papa travaillait ; autre activité cet été-là : nous nous étions baignés à la piscine municipale. De retour en classe après les vacances, je n'étais pas très enthousiaste à l'idée de rédiger l'inévitable composition ayant pour thème : « Ce que j'ai fait cet été ». Jusqu'à ce que les barres de chocolat *Snickers* fassent leur apparition dans le portrait ! La carotte suspendue : les auteurs des six meilleures compositions gagnaient une barre de chocolat *Snickers* format géant. Un plan diabolique germa dans mon esprit. Un pique-nique on ne peut plus ordinaire à la plage ne constituait pas un sujet digne d'intérêt.

À l'église, j'avais vu sur un poster qu'un rassemblement de missionnaires baptistes aurait lieu bientôt au Nouveau-Mexique. Je tenais mon sujet ! J'allais inventer le récit de mon voyage là-bas. Et je commençai ainsi mon essai mensonger :

Ce que j'ai fait cet été : Cet été, j'ai été à Glorietta, au Nouveau-Mexique pour assister à la conférence des missionnaires (mensonge # 1). Ma mère m'a emmenée magasiner et m'a habillée de la tête aux pieds pour ce voyage (mensonge # 2). Mon père a pris les arrangements nécessaires et, pour la première fois de ma vie, j'ai pris l'avion (mensonge # 3). J'ai habité chez ma tante et mon oncle qui sont missionnaires en Afrique (autre mensonge). J'ai vu le désert où il y avait des cactus et des coyotes (autres mensonges). Le mercredi soir, j'ai chanté devant l'assemblée au grand complet « Je dirai au monde que je suis chrétienne » (J'aurais dû chanter « Yeux menteurs »). J'ai eu beaucoup de plaisir. Un jour, peut-être, je serai missionnaire (peu de chance que cela se produise, à moins qu'ils aient besoin de convertis à Menteurs Anonymes !).

J'ai réécrit mon essai trois fois et, comme s'il s'agissait d'une fine porcelaine, j'ai placé avec précaution ce chef-d'œuvre dans mon sac d'école. J'allais sûrement gagner et...à moi le chocolat !

Cinq longues journées passèrent avant que madame Huggins annonce avec un sourire : « J'ai choisi les six gagnants du concours de rédaction. Tout le monde a fait du bon travail et j'ai eu de la difficulté à choisir. » (*Ouais, ouais*, pensai-je. *Les professeurs disent toujours ça afin que la pauvre andouille qui a décrit sa visite au zoo ne se sente pas trop mal à l'aise.*)

« Avant de poursuivre, dit-elle, je dois vous dire que les gagnants recevront leur récompense après l'école aujourd'hui. Mais si vous prenez l'autobus scolaire, vous ne devez pas manger votre chocolat avant d'arriver chez vous ; si vous marchez jusqu'à la maison, n'oubliez pas de jeter le papier d'emballage dans un contenant approprié. » (*OK, on a compris !* Je bouillais d'impatience. *Ça me met l'eau à la bouche !*)

Elle finit par quitter son bureau et s'avança, les six compositions à la main. Je me redressai pour voir si je reconnaissais un papier dans la pile mais elle tenait les feuilles bien serrées sur sa poitrine. « Les gagnants du concours de composition sont : Paul

George pour son voyage à la plage (*Tout à fait ennuyant*, pensai-je), Amanda Jones pour son voyage à Gatlinburg, Tennessee (*Follement amusant*, me dis-je tout bas), Willard Blevins pour son voyage au musée des chemins de fer (*J'ai peut-être visé trop haut*, pensai-je en ricanant sous cape) Becky Jarvis pour sa visite de la Statue de la Liberté (*Finalement il y a quelqu'un à mon niveau*, concédai-je), Peggy Moffet pour sa description des activités dans sa propre ville (*une description qui a dû tenir sur une demi page*), et… » Je mordis mon index à la jointure tandis qu'elle brandissait la dernière feuille de papier. « Et, la sixième et dernière gagnante est Dawn Spainhour pour son voyage au Nouveau-Mexique ! » (*Oh Joie ! Oh Bonheur suprême ! Elle n'y a vu que du feu !! Encore deux heures et j'aurai la Snickers !*)

En revenant à pied à la maison, j'avais le tour de la bouche et le bout des doigts enduits de chocolat. La douceur du moment éclipsait ma mauvaise conduite : la fin justifiait les moyens. J'arrêtai au magasin de monsieur Cloer et me débarrassai de l'emballage aussi soigneusement qu'un voleur dissimulant son larcin. Le crime parfait !

Je ne repensai plus à mon escapade par la suite. La semaine se déroula sans incident jusqu'au mercredi soir, le soir du dîner à la salle communale de l'église. La table était couverte d'une nappe rouge à damier sur laquelle étaient posés des pâtés au poulet, des plats d'haricots verts, de macaroni au fromage, de tourtes aux fruits et de brioches. Tous les membres de ma famille riaient, parlaient et mangeaient. Une des participantes s'approcha de notre table et j'ai bien cru voir ma vie défiler devant mes yeux.

« Bonjour Barbara », dit madame Huggins en saluant ma mère. « Vous devez être bien fière de votre fille. » Je pâlis, et, ressentant des brûlures à l'estomac, je baissai les yeux tandis que la conversation se poursuivait. Pourquoi avais-je décidé de m'asseoir à côté de ma mère ce soir-là ? Impossible de fuir.

« Est-ce que Dawn vous a dit qu'elle avait gagné le concours de rédaction ? » demanda madame Huggins. Ma mère me regarda mais j'évitai tout contact visuel. « Non, elle ne l'a pas fait », répondit ma mère. Madame Huggins creusa encore plus profondément ma tombe. « Et bien, elle a gagné et elle a aussi reçu une tablette de chocolat ! C'est merveilleux que vous et Jack l'ayez laissée aller au centre de conférence de Glorietta et qu'elle ait pu rester chez sa tante et son oncle. Vous ne m'aviez jamais parlé de cela, non ? »

Ma mère me serra fortement le bras tandis qu'elle confessait mes mensonges. « Madame Huggins », dit lentement ma mère entre ses dents : « Dawn est allé à Myrtle Beach cet été ». Des larmes chaudes roulèrent sur mon visage tandis que je continuais d'étudier le bout de mes chaussures. « Elle ne s'est pas rendue au Nouveau-Mexique, et de plus, son père et moi sommes enfants uniques. Elle n'a ni tante ni oncle. Avec l'éducation qu'elle a reçue, ma fille devrait agir mieux que cela. »

Le retour à la maison fut insupportable ! Assise sur le siège avant, prise en sandwich entre mes parents, j'entendais ma mère répéter d'une voix larmoyante : « Comment peux-tu mettre notre famille dans l'embarras comme ça ? » Et papa renchérit : « Et bien, jeune fille, n'as-tu pas honte de faire pleurer ta mère ? » *Oui*, pensai-je, *je suis désolée — de m'être fait prendre !* — mais je ne crois pas qu'ils attendaient une réponse. Puis je me demandai : *Est-ce qu'une barre de chocolat valait tous ces sanglots, ces reproches et cette peine ?* La réponse vint rapidement, *Oh, oui !*

Le lendemain matin, maman et moi avons acheté au magasin de monsieur Cloer une barre de chocolat pour chacun des vingt-quatre étudiants de ma classe. L'argent provenait de la maigre allocation — 50 cents — que je recevais à chaque semaine. Je ne reverrais probablement pas d'autres pièces de monnaie avant le Quatre Juillet ! Nous sommes entrées dans la classe et madame Huggins a présenté ma mère aux étudiants. « Voici madame Spainhour, dit-elle. Elle et Dawn ont quelque chose à vous dire aujourd'hui. »

« Dawn, ma fille », et maman se racla la gorge, « a écrit une composition pour laquelle elle a gagné une tablette de chocolat.

Mais elle a menti et par conséquent, elle ne méritait pas la récompense. Son père et moi l'avons punie. (*Oui*, pensai-je, *et j'espère que les marques de coup sur mes jambes ne sont pas visibles !*) et elle a payé avec son argent de poche toutes ces tablettes de chocolat, une pour chacun de vous. » Un étrange silence s'installa dans la classe à la suite de ces bonnes nouvelles. Ils avaient probablement compris que l'heure n'était pas aux réjouissances. Madame Huggins m'aida à distribuer le chocolat puis donna congé aux élèves pour la récréation et dit au revoir à ma mère.

Puis Madame Huggins me demanda de venir auprès d'elle : « Dawn, apporte ta chaise à mon bureau. » Ce que je fis, avec un air penaud et les yeux baissés. « Je te pardonne, dit-elle d'avoir inventé cette histoire. Je sais que tu as fait cela pour avoir le chocolat. Je veux que tu saches que j'apprécie ton imagination », et elle me tendit un papier mouchoir pour essuyer mes larmes. Un léger sourire me monta aux lèvres. « Tu as eu tort de fabriquer cette histoire, mais tu as du talent. J'ai eu tort d'offrir une tablette de chocolat aux élèves pour les inciter à écrire. Je veux que tu aimes l'écriture pour le plaisir même d'écrire. Me pardonneras-tu ? » En plaçant mes bras autour de son cou, je l'ai embrassée le plus fort que j'ai pu. Incroyable ! Tout ce qui comptait à ce moment là pour moi était que j'aimais madame Huggins et qu'elle m'aimait. Elle m'avait témoigné du respect et elle m'avait pardonné.

Des années plus tard, après avoir obtenu mon certificat d'enseignement, j'écrivis à madame Huggins pour la remercier de l'influence qu'elle avait eue dans ma vie. En retour, elle me fit parvenir un livre et un paquet de six tablettes de chocolat *Snickers*.

Dawn S. Neely

Une perle de joie émerge des vagues de souffrance.

CANDIS FANCHER

UN PONT ENTRE DES YEUX BRUNS ET DES YEUX BLEUS

A*près un voyage en avion d'une durée de treize heures, je pus* enfin tenir dans mes bras Jill Joo-Mi (Perle merveilleuse), notre petite fille coréenne âgée de trois mois qui souffrait de varicelle, d'une infection aux oreilles et qui était couverte de furoncles. Ses yeux bruns remplis de curiosité rencontrèrent mes yeux bleus remplis de larmes, et un pont s'établit instantanément entre nous. Dans le brouhaha de l'aéroport, parmi les « oh ! », les « ah » et les applaudissements, elle souriait calmement. Un sourire contagieux. Je crus apercevoir dans ses yeux le brillant reflet de sa courageuse mère naturelle ; celle-ci avait sûrement caressé ce visage, beau comme une pierre précieuse, l'inondant de ses larmes pour exprimer sa peine, son amour et son espoir.

Tremblant de joie et d'appréhension, je me demandais si je serais à la hauteur des attentes de ma fille. Pourrais-je l'aider à développer son riche héritage coréen tout en l'amalgamant à sa culture « d'adoption » et en préservant sa singularité profonde ? Une lourde responsabilité et qui exigeait beaucoup d'humilité ! Je me demandais si chaque démarche d'adoption générait les mêmes sentiments — la peine mais aussi le désir de connaître un passé qui, peut-être, demeurerait à jamais un mystère, et l'espoir en l'avenir.

Au cours des premières années, Jill Joo-Mi connut de nombreux moments d'émerveillement et de joie intense. Elle fit partie d'une chorale multiethnique et participa à plusieurs représentations vêtue d'un costume traditionnel coréen ; un jour, dans un restaurant du Minnesota, elle devint le point de mire et plusieurs personnes lui sourirent avec chaleur. Oui, une région habitée par 10 000 personnes d'origine scandinave aux cheveux blonds et aux yeux bleus était certainement un bel endroit où rester.

La découverte de soi typique à la pré-adolescence vint refroidir l'enthousiasme de ses jeunes années. Tout a commencé le jour où un élève de sa classe a récité une comptine idiote sur les yeux bridés. Peu de temps après, Jill debout devant le miroir, fronçait les sourcils en observant son reflet.

« Je n'aime pas ma peau foncée ! »

« Jill, je donnerais un million de dollars pour avoir une peau semblable à la tienne », répondit Chad, son grand frère, un rouquin dont la peau brûle au moindre rayon de soleil.

Le jour de son anniversaire, Jill exprima plus clairement son désir de comprendre ses racines. Voici certains de ses souhaits d'anniversaire :

« J'aimerais avoir certains de vos traits physiques. »

« J'aimerais ressembler aux membres de ma famille et à mes amies. »

« J'aimerais que mon visage ne soit pas plat ! »

Je souhaite qu'un jour elle puisse reconnaître sa beauté intérieure et extérieure et que ce faisant, elle découvre la paix et l'équilibre. Même les jours de fête, Jill s'enferme à certains moments dans le silence, cherchant à combler un vide qu'elle est la seule à pouvoir comprendre vraiment. Ce qui se produit lorsque nous nous rendons à notre restaurant coréen préféré. La musique des baguettes et le calme des lieux semblent apaiser son cœur douloureux.

Jill Joo-Mi est maintenant une adolescente ; récemment, je lui ai posé une de ces fameuses questions de maman : « Quel inconvénient y a-t-il à avoir été adoptée ? »

« Je parais différente », dit-elle sans hésitation.

Voulant la sonder davantage, je lançai ma deuxième question : « Et, quel avantage y a-t-il à avoir été adoptée ? »

« Je parais *différente* ! », répondit-elle avec assurance.

Ah…c'est bien le paradoxe de cet impressionnant voyage d'adoption. Notre conversation se termina avec cette dernière question : « Sur une échelle de un à dix, comment évaluerais-tu ton niveau de bonheur ? » J'attendis en retenant mon souffle.

Elle garda le silence un moment, me regarda avec ces étranges yeux bruns et me fit son sourire habituel. « Neuf et demi », répondit-elle.

Je lui fis aussi un large sourire ; je savais que le pont entre ses yeux bruns et mes yeux bleus serait toujours solide !

CANDIS FANCHER

LA CLOCHE TEMPÉRÉE

En extase, je regardais le rideau se lever sur A Chorus Line, *le* premier spectacle musical professionnel auquel j'assistais de toute ma vie. La musique retentit et les jambes montèrent aussi haut que les nuages ; mais c'est la voix du personnage principal, Cassie, qui me troubla et m'inspira le plus. Moi aussi je voulais danser et chanter en solo comme une enchanteresse. Je voulais résonner comme une cloche et faire vibrer l'audience. Voilà mon rêve, décidai-je sans l'ombre d'une hésitation. Je voulais être comme Cassie, mais plus que tout, je voulais être une *star*. J'avais dix ans.

Ma décision prise, je me jetai à corps perdu dans les études : je pris des cours de danse et peu de temps après, des cours de chant. Je travaillais d'arrache-pied, et la chance aidant, je pus participer à de nombreux spectacles et obtenir plusieurs prix. Tout était facile pour moi et d'une certaine façon, j'avais l'impression que la vie me devait bien ça. Aussi, comme le personnage de Cassie, je décidai de prendre ce qui me revenait. Après avoir connu un rapide succès sur Broadway, Cassie était déménagée à Los Angeles où elle espérait devenir vedette de cinéma. Mais elle avait échoué et finalement, elle était revenue à quatre pattes jusqu'à New York supplier qu'on lui redonne une place dans la troupe afin de pouvoir danser à nouveau. Bien sûr j'allais changer ces dernières scènes. Pour moi, il n'y aurait que le succès.

Avec l'enthousiasme débordant d'une enfant de dix ans, j'obtins très rapidement mon diplôme d'études secondaires ; puis, je vendis presque toutes mes possessions, et me rendis à Los Angeles avec un seul rêve en tête : danser et chanter. J'avais tellement confiance que je n'avais prévu aucun plan de rechange. *J'allais connaître le succès*, pensais-je ; alors, j'ai commencé à téléphoner dans les agences et les restaurants. *Ce sera un bon compromis : un travail de serveuse le soir, et des auditions durant le jour*. Le début d'une véritable carrière.

On m'attendait, je n'avais qu'à ouvrir les portes. Mais tout comme elles pouvaient s'ouvrir, elles pouvaient aussi se refermer avec un bruit sec. À la première porte, celle d'une agence, on m'expliqua plutôt sommairement qu'on ne voulait pas de moi si je n'étais pas membre de l'union. Et pour en faire partie, je devais participer à un film ou suivre leur cours de théâtre. Comme mon budget me permettait à peine de manger, je n'avais certainement pas les moyens de suivre un cours.

Assurément la deuxième porte me permettrait de résoudre tous ces problèmes. L'expérience m'avait appris que le succès vient toujours au bout d'un certain temps. Tout ce que j'avais à faire c'était de demander. Mais dans les restaurants, on ne voulait pas de moi non plus — à moins d'avoir deux années d'expérience dans la restauration. Je venais de rater le départ et le son des portes qui se fermaient n'était pas le son de la « cloche » tant espéré. Où était passée ma chance ? Où aller pour danser et chanter ?

Pour la première fois de ma vie les choses ne se passaient pas comme je le voulais et j'étais inquiète ; avec fébrilité, je me mis à la recherche d'un travail qui m'aiderait à affronter ce malheureux contretemps. C'était le plan B ; rien à voir avec mon projet, pensai-je, en acceptant un emploi de vendeuse dans un magasin. Durant les deux années suivantes, cet emploi me permit de vivre décemment, j'en conviens, mais je n'avais plus de temps à consacrer à mon rêve. Mon rêve ? Où était-il passé ce rêve ? Finalement, au moment où j'allais abandonner tout espoir, l'occasion se présenta. Un client vint un jour au magasin où je travaillais ; c'était un directeur de théâtre et je reconnus son nom.

« Et bien », dis-je en me redressant un peu, « quelle coïncidence, je suis une actrice. » Comme si j'étais la seule actrice de Los Angeles ! Avant que j'aie le temps de dire ouf ! il m'offrait de suivre ses cours de théâtre gratuitement. Certains de ses étudiants avaient obtenu de petits rôles dans des films. Au moins je mettais le pied dans la porte. En entrant dans la salle pour mon premier cours, j'entendis les étudiants parler des films qu'ils tournaient présentement ou dans lesquels ils avaient déjà joué. J'étais la seule à n'avoir jamais été devant une caméra. Ho !

« Erika, je veux que tu montes sur la scène et que tu parles durant cinq minutes ». Le directeur me prit par surprise. Quittant ma chaise avec difficulté, je montai sur la scène et figeai, simplement. Regardant fixement tous ces gens, j'étais incapable de prononcer un seul mot. Le découragement m'envahit et les dernières miettes de l'estime que j'avais de moi-même s'évanouirent tandis que je quittais la classe en courant — et continuais de courir tout le long du chemin jusqu'à St. Louis.

Durant ces années passées à Los Angeles, alors que je travaillais cinquante-huit heures par semaine, il s'était tout de même produit quelque chose. En plus d'être devenue dépressive, j'avais pris du poids en mangeant des aliments gras et peu dispendieux. Après deux ans, je revenais à la maison, pauvre, trop grosse et avec un profond sentiment d'échec.

Il me fallut un an pour retrouver un peu de confiance en moi et perdre les kilos en trop. Une année cruciale de choix et de changements intérieurs. Puis je vis l'annonce dans le journal. Des auditions pour le spectacle *A Chorus Line* ! J'étais tiraillée entre la peur et l'excitation. Je craignais de figer à nouveau. Mais je savais aussi que l'histoire de Cassie était mon histoire. Moi aussi j'avais voulu danser et chanter et j'étais « revenue à quatre pattes ». Je me répétais sans cesse : *voilà ton rêve, le spectacle des spectacles*. La pensée de pouvoir décrocher même un tout petit rôle dans ce spectacle me donnait la chair de poule. Encouragée par des amis et une mère qui avait toujours cru en moi, je me rendis avec fébrilité à l'audition.

Six heures plus tard, en compagnie de six autres personnes, je dansais et je chantais encore sur la scène ; nous étions en compétition pour les rôles principaux. Après l'audition, je courus jusqu'à ma voiture et j'éclatai en larmes. Depuis des années je ne m'étais pas sentie aussi bien. Le simple fait *d'être parmi les finalistes* pour l'obtention du rôle de mes rêves était un rêve en soi.

Une semaine plus tard, le directeur me téléphona et me demanda si j'acceptais de tenir le rôle de Cassie dans sa production. Si j'acceptais ? « Oui ! », répondis-je avec excitation.

Danser de tout mon cœur et chanter un solo légendaire de dix minutes avec un orchestre derrière moi était excitant bien sûr, mais il y avait quelque chose de plus important. En dansant et en chantant, je me suis sentie comme Cassie au sommet de sa carrière mais aussi, comme une cloche tempérée : tous les hauts et les bas que j'avais eus m'avaient rendue plus forte et plus riche.

La directrice dit que l'interprétation que je donnais de Cassie était d'une justesse étonnante. J'ai compris que tous les cours que j'avais suivis, les pratiques, les épreuves, le dur labeur et la peine m'avaient parfaitement préparée à jouer ce rôle.

ERIKA EBERHARDT

LE LONG RETOUR À LA MAISON

« *Je veux te ressembler, maman, je ne veux pas ressembler à* papa. »

Maman répondit : « Et bien, tu me ressembles et tu ressembles aussi à ton père. Ma chérie, Dieu a voulu que tu sois si spéciale qu'il a décidé que tu ressemblerais à l'homme que je préfère — et c'est ton papa. »

Jamais je n'oublierai à quel point je détestais ma peau foncée. À trois ans bien sonnés, les normes établies par la société me préoccupaient déjà. Avec ses cheveux bruns, sa peau claire et laiteuse, ma mère avait toujours incarné *le* modèle de beauté à mes yeux. J'aurais tellement voulu lui ressembler ; mais il y aurait toujours une différence marquante entre nous.

À l'âge de quatre ans, je n'étais toujours pas à l'aise avec la couleur de ma peau. À chaque jour, ma mère passait me prendre à la garderie ; elle me tenait dans ses bras et m'emmenait jusqu'à la voiture. Elle portait habituellement une longue jupe très souple qui effleurait mon visage lorsque soufflait une brise chaude et humide. Un jour, au moment de me ramener, elle sentit qu'on tirait sur sa jupe. C'était Billy, un enfant de la garderie. « Comment se fait-il que Victoria soit si foncée et vous si claire, demanda Billy. Êtes-vous sa maman ? »

Dans la voiture, sur le chemin du retour à la maison, nous avons gardé le silence. Maman pleurait, j'étais très bouleversée et je me demandais si j'étais bien sa fille. Puis, en grandissant, j'attendais toujours le moment où elle me révélerait que j'avais été adoptée.

Je croyais qu'avec le temps, je me débarrasserais de ce complexe au sujet de la couleur de ma peau. En sixième année, on m'envoya au camp d'été. Le jour du retour à la maison, ma mère et moi avons accompli le rituel qui nous rapprochait — nous avons été magasiner. Je portais les mêmes vêtements défraîchis que j'avais portés tout l'été.

Nous avons commencé notre magasinage dans une boutique où nous n'étions jamais allées auparavant. C'était un de ces grands jours de magasinage où tout ce que j'essayais me faisait bien. Maman était excitée elle aussi et elle dit que nous allions tous les acheter. Nous nous sommes approchées du comptoir pour payer et, tout en me regardant, la vendeuse a demandé à maman : « Voulez-vous que l'un de nos commis portent vos sacs, ou est-ce votre domestique qui les transportera ? » Furieuse, maman demanda à être remboursée et nous sommes parties. Encore une fois, le voyage de retour fut interminable. Nous pleurions toutes les deux. Je pleurais parce que j'avais été blessée. Ma mère pleurait parce qu'elle ne trouvait pas les mots pour me consoler. Cette fois-là, par contre, ses larmes me réconfortèrent.

Un an plus tard, je voulus être meneuse à mon école. Depuis la première année — où j'avais assisté à une pratique pour la première fois — j'avais toujours désiré être meneuse. C'est à la fin de ma septième année que j'ai pu faire mes premiers essais.

Après deux semaines d'entraînement intensif au camp des meneuses durant lesquelles nous avions pratiqué de nouveaux mouvements assez exigeants sur le plan physique, nous étions vingt candidates fin prêtes pour l'examen d'admission. Les juges assistèrent à notre démonstration et notre anxiété allait croissant tandis que nous attendions les résultats. Nous avions formé un petit groupe, nous nous tenions les mains, le cœur battant. Tandis qu'on appelait un à un les nouveaux membres de l'équipe, mon cœur se serrait à chaque nom — jusqu'à ce que j'entende :

« Victoria Hurtado ! » Toutes les filles qui avaient été acceptées l'avaient autant désiré que moi, et nous avons toutes pleuré de joie. Le lendemain, des amis et des professeurs vinrent nous porter des fleurs et de petits cadeaux pour nous féliciter.

Je n'avais jamais remarqué que l'équipe était constitué majoritairement de jeunes filles blanches et qu'on n'y trouvait que deux filles latino-américaines : Christina et moi. Je ne l'avais pas remarqué jusqu'à ce qu'un étudiant dise à Christina : « La seule raison pour laquelle toi et Victoria avez été acceptées comme meneuses c'est que les juges sont obligés d'introduire des minorités visibles dans l'équipe. C'est une question de quota. » Je racontai cet incident à ma mère durant un autre long voyage de retour à la maison. Nous avons pleuré toutes les deux. Je pleurais parce que je craignais que ce quota existe bel et bien. Ma mère pleurait parce qu'elle craignait de détester le garçon qui avait dit cela.

Maintenant, au collège, je ne sais pas si j'éprouve encore du ressentiment envers les gens qui m'ont blessée tout au long du chemin qui m'a conduite jusqu'ici — j'espère que non. Mais je sais une chose : c'est que j'ai beaucoup grandi en ayant à supporter toute cette souffrance. Après chaque nouvelle réalisation, je me soucie un peu moins de l'opinion des autres. J'ai appris que, au-delà du ressentiment, il y a l'acceptation. Aujourd'hui, non seulement j'accepte la teinte ambrée de ma peau, mais je l'aime de plus en plus — je m'aime, telle que je suis.

VICTORIA MARISSA HURTADO

C'est magnifique d'être une femme de nos jours,
de pouvoir faire entendre sa voix et d'y prendre plaisir.

SHANIA TWAIN

ZAPPING

A*u printemps dernier, par une magnifique journée ensoleillée,* je sautais dans le train de 16 h 45, mes sacs de voyage remplis de lotions solaires et de maillots. Après avoir effectué le trajet en train, puis en avion, j'allais me retrouver, dans moins de sept heures, assise sur une plage de Maui avec Dana, ma cousine préférée. *Oui !* pensai-je. *Je ne rêve pas.*

Émergeant de mes réflexions, je regardai autour de moi, à la recherche de quelque chose d'intéressant à observer. J'aperçus, assise de biais avec moi, une vieille dame qui semblait bouillir d'impatience. Son siège était tourné vers le mien et elle n'arrivait pas à le remettre droit. Et c'est là que je le vis : un garçon aux cheveux blonds délavés avec des yeux bleu ciel qui s'était accroupi afin d'aider la dame à redresser son siège. Il se releva.

« Je n'y arrive pas, dit-il, mais je peux changer de siège avec vous, si vous voulez. »

« Et bien, merci, j'apprécie. » Elle me regarda avec aigreur, comme si j'étais responsable du fait que son siège soit coincé ; puis elle ramassa son sac d'un geste brusque et s'assit sur le siège du garçon. Quand elle tourna la tête, le garçon fit une grimace et je ne pus m'empêcher de rire. Je sentais rosir mon visage chaque fois que nos regards se croisaient, mais comme le visage du jeune homme s'empourprait également, je cessai de m'inquiéter. Un silence gênant suivit et j'ouvris un livre pendant qu'il commençait à dessiner. *Magnifique*, pensai-je. *Est-ce que ça va durer longtemps comme ça?* À ma grande surprise — et à mon grand soulagement — dix minutes plus tard, il me demandait mon nom.

« Robin, dis-je. Et le tiens ? »

« Lucas », répondit-il.

La conversation qui suivi prit aussitôt un tour amusant. On s'amusait comme des fous tandis que le train progressait à vive allure. J'étais étonnée de me sentir aussi à l'aise. Nous nous connaissions depuis quelques heures à peine et pourtant — on aurait dit de vieux amis. Plus je bavardais avec lui et plus je l'aimais. Il écrivit sur ma main le mot « zapping » ce qui signifie, comme tous les étudiants de septième année le savent sûrement, que lorsque quelqu'un prononce votre nom, peu importe qui est cette personne, vous devez répondre : « Je t'aime ». *Rusé le gars*, pensai-je sarcastiquement. Il terminait toutes ses phrases par le mot « Robin » alors je devais répéter constamment « Je t'aime ».

Le temps fila sans qu'on s'en rende compte, puis le train ralentit et s'arrêta avec un bruit strident. Nous sommes descendus et lentement, nous avons dit notre dernier « Je t'aime » puis nous sommes partis chacun de notre côté. Il avait déjà disparu dans la gare quand je m'avisai que je ne connaissais que son prénom.

« Te voilà enfin ! », dit ma cousine Dana. Je me secouai pour m'extraire de cette brume d'amour et l'embrassai.

Tout mon voyage à Maui fut assombri par le souvenir de Lucas ; je planifiais de soudoyer quelqu'un à la gare pour obtenir son numéro de téléphone, j'étais furieuse contre moi-même de ne pas lui avoir demandé son nom de famille et son numéro de téléphone. Je pensais tellement à lui que c'en était pathétique. Je n'ai même pas remarqué qu'il y avait de beaux garçons à Maui ! Et j'ai continué de penser à lui durant tout l'été.

Une nouvelle année scolaire commence, et manifestement, je suis plus mature et plus sage. Je n'arrive pas à croire que j'ai perdu tout ce temps à penser à un garçon rencontré dans un train. Je veux dire, c'était très agréable et tout. *Et alors ?* La vie est trop courte. Et comme le savent tous les étudiants de huitième année, il y a beaucoup de poissons dans l'océan.

ROBIN RICHARDS

LE CAMP DE GRAND-MÈRE

Je suis l'enfant de ma grand-mère car c'est elle qui m'a élevée depuis ma petite enfance; beaucoup trop jeunes pour élever deux enfants, mes parents avaient du mal à mettre de l'ordre dans leur propre vie. Avec son amour indéfectible et son attention créatrice grand-maman s'appliquait à combler cette faille entre nos générations.

Mon frère et moi avons eu la chance de participer aux aventures magiques concoctées par grand-mère. Déjà toute petite, j'apprenais à me servir d'un couteau de poche, d'un marteau, d'une hachette et d'une scie et on me montrait à pêcher avec un long bâton, un bout de fil à pêche et un hameçon appâté avec un ver remuant trouvé sous un caillou. J'ai appris à monter un feu de camp et à cuire du pain dans un four extérieur. J'ai appris à coudre et à tricoter. J'ai appris à me balancer avec une corde au-dessus d'une crique comme Tarzan, à apprivoiser des écureuils ainsi que des couleuvres. Je me souviens encore des pâtés d'argile, d'une authentique maison de poupée jaune et de barbecues de saucisses dans l'arrière-cour. J'ai appris à lire dans un pré de fleurs sauvages avec le vent et le soleil comme uniques compagnons. J'aimais et je me sentais aimée.

Je ne saurais dire en quel mois, en quelle année tout cela avait commencé. J'ai peut-être même perdu quelques années en vivant dans l'imaginaire et dans l'univers de ma grand-mère pendant que les autres enfants vieillissaient.

Puis je fus jetée brusquement dans une vie sans enchantement. Un jour mon père vint me chercher ; il s'était remarié et s'était installé dans une autre ville, une grande ville, à 800 kilomètres plus loin. Je dis au revoir à mes grands-parents bien aimés et partis avec mon frère et ma valise vivre dans la nouvelle famille de mon père.

Je savais coudre et tricoter, pêcher et faire des excursions à pied. Mais je n'avais pas la moindre idée de la façon d'appliquer un fond de teint, de me raser les jambes ou d'utiliser un séchoir à cheveux. J'étais maigre. Je n'avais jamais pratiqué de sports ou joué de la flûte. Je ne savais pas chanter ou danser le ballet. Je n'avais pas les oreilles percées (jusqu'à ce que Suzette Gertz, un soir où je dormais chez elle, décida d'effectuer l'opération avec deux cubes de glace et une aiguille).

Et le pire de tout, ma belle-mère était méchante, ce qui me déçut énormément car j'étais si heureuse d'avoir enfin une mère. Et cette femme avait une fille, mon affreuse et mesquine demi-sœur, plus âgée et plus forte que moi, et à qui on donnait toujours raison. C'est à peu près à l'époque où cette nouvelle sœur me fit tomber sur la tête et me fractura la clavicule que le mariage de mon père commença à déraper.

L'image de la famille idéale que nous essayions constamment de maintenir se désintégra, dispersant des éclats d'obus dans la chair de nos bonnes intentions. Mon père divorça et essaya sincèrement, mais sans succès, d'élever deux adolescents tout seul avant de nous retourner, mon frère, moi et ma valise chez ma grand-maman. Chez moi.

Mais c'était trop tard. J'étais devenue une adolescente. J'allais commencer mes études secondaires et je n'étais pas prête. Rapidement, je compris les *règles* qui régissaient cette sous-culture. Toutes ces règles tournaient autour de la grande lutte pour être populaire. Et tout le monde savait qui l'était et qui ne l'était pas. Vous ne pouviez faire semblant. Si vous ne faisiez pas partie du groupe « in », ce que vous pouviez espérer de mieux c'était d'être la personne la plus « in » du groupe « out ». Et le groupe « out » c'était les masses, un rassemblement hétéroclite de grappes de gens ordinaires. Dans le groupe « in » régnaient l'ordre et la prospérité. Les membres du groupe « out » étaient divisés et perdants, dès le départ.

Puis il y avait la grande conspiration que nous acceptions tous. Les professeurs, les entraîneurs sportifs et les conseillers en faisaient partie. Ils contribuaient à maintenir en place le grand scénario de la popularité et à garder au sommet les quelques élus. Comment expliquer autrement que seules les filles populaires faisaient partie du groupe des meneuses ? Et les vedettes de basket ? Et pourquoi disait-on des jeunes les plus populaires qu'ils étaient aussi les plus talentueux ?

C'était la règle — le code social tacite de notre époque. Les jolies filles avaient des cheveux droits. À moins de se faire faire une permanente. Les cheveux frisés à l'aide d'une permanente, ça allait. Si vos cheveux frisaient naturellement, comme moi, vous faisiez automatiquement partie du groupe « out ». Les cheveux frisés naturellement — particulièrement s'ils étaient bruns — non seulement étaient *out*, mais ils étaient l'indication au niveau génétique d'une personnalité inférieure, ils appartenaient à un être composé de matériaux défectueux.

Pour être une fille populaire, vous ne pouviez mesurer plus d'un mètre soixante. Autre règle non écrite et qui appartenait au non-dit. Les grandes filles dégingandées comme moi se dressaient gauchement au-dessus des autres, courbant les épaules pour paraître plus petites, se dandinant sur leurs grands pieds, les bras ballants à la hauteur des genoux.

Ainsi je circulais en marge, essayant de devenir la plus « branchée » de mon petit groupe de personnes « out », et la présidente des futures femmes au foyer de l'Amérique. J'en rougis encore aujourd'hui.

Savoir appâter un hameçon n'était d'aucune utilité dans cette société préoccupée par tout autre chose. Des préoccupations de vêtements, de coiffure, de fond de teint — et de flirt. Avec mon imagination, mes souvenirs, je me sentais totalement déphasée à cette époque. Alors je faisais le clown pour survivre, sachant que si je cessais de rire, les larmes me monteraient aux yeux.

Tant de choses avaient changé. Maintenant j'avais peur des couleuvres. J'avais l'air idiote en maillot de bain. Je lisais beaucoup, seule, dans ma chambre. Je boudais et je me plaignais quand je n'arrivais pas à mes fins. On me sermonnait régulièrement. J'avais l'impression que mes grands-parents étaient des extra-terrestres venus sur terre pour me rendre la vie impossible.

Le fossé de cette génération manquante s'élargit soudainement ; vaste et d'une profondeur insondable. Mais j'avais été élevée pour être bonne et docile et je continuai sur cette voie. J'écoutais mes professeurs et j'obtenais de bons résultats scolaires. J'avais de bonnes amies et je suivais les règles établies. À la fin de mes études secondaires, j'avais un véritable petit ami, un plan précis pour mes études collégiales, et une recette pour trouver le bonheur. Je devenais peu à peu une adulte mais, encline à la révolte, je jurai de ne jamais, au grand jamais, être comme ma grand-mère. J'allais lutter au fil des années pour tenir ma promesse et j'allais échouer.

Les proportions de mon corps sont tout à fait harmonieuses et la mode est aux cheveux frisés naturellement qui flottent librement sur les épaules. Bien que je n'aie jamais appris à danser ou à jouer de la flûte, et que ma recette du bonheur ait été modifiée à plusieurs reprises, j'ai créé mon propre style de vie. J'ai transformé les cicatrices de mon enfance en autant de charmes distinctifs.

Aujourd'hui cependant, la chose la plus importante à mes yeux est d'une toute autre nature. C'est de pouvoir apprécier pleinement la nature et d'avoir une grande compassion pour toute vie sur terre. Je peux coudre et tricoter, pêcher et camper parce qu'un jour, à une époque merveilleuse de ma vie, quelqu'un m'a montré comment faire. Avec tout son dévouement et sa sollicitude, à tous les jours, ma grand-mère m'a enseigné à aimer et à être aimée. Et à sauvegarder un jardin secret — une clairière magnifique — dans la forêt sauvage de mon cœur.

KYLA MERWIN

IV
LES GARDIENNES DE LA SAGESSE

Soyez à l'écoute du silence intérieur
et voyez comme chaque chose de la vie a sa raison d'être.

ELISABETH KÜBLER-ROSS

PETITS TRUCS DE L'ÉCOLE DE LA VIE POUR MA FILLE

1. Les jeunes femmes qui veulent paraître plus vieilles que leur âge paraîtront aussi plus vieilles quand elles seront plus âgées !
2. Vous n'avez pas besoin de courir après les garçons. Laissez-les courir après vous. C'est dans leur nature de le faire.
3. Les femmes qui se servent de leur intelligence prennent une longueur d'avance. Vous n'avez pas besoin de faire semblant d'être idiote devant qui que ce soit.
4. Si vous ne vous aimez pas intérieurement, il est difficile pour les autres de vous aimer extérieurement.
5. Les jeunes femmes qui restent avec des gars qui les maltraitent croient ne pas mériter mieux.
6. Plus vous aurez une bonne estime de vous-même, plus vous attirerez vers vous des personnes équilibrées.
7. Une fois que vous avez perdu votre virginité, vous ne pouvez plus la retrouver.
8. La vérité est toujours plus facile que le mensonge — vous n'êtes jamais obligée de garder en mémoire tout ce que vous avez dit.
9. C'est correct de dire non, même si vous êtes la seule personne à le faire. On vous respectera pour cela plus tard.
10. Si vous vous tenez loin des autres voitures quand vous conduisez, vous vivrez plus longtemps.
11. Si vous conduisez une motocyclette sans porter de casque, il vous manque une case !

12. Réfléchissez à l'avance aux situations où vous devrez prendre une décision. Lorsque vous devrez répondre oui ou non, vous saurez quoi faire.
13. Vous pouvez apprendre beaucoup sur un garçon en rencontrant ses parents.
14. Un viol n'est jamais de votre faute. Dénoncez-le.
15. Invitez Dieu à vous aider à résoudre vos problèmes. Donnez-Lui quelque chose à faire.
16. Écoutez au moins une émission saine et amusante par semaine. Le rire produit des endorphines qui vous aident à vous sentir bien dans votre peau et à prévenir la maladie. Le rire vous aide aussi à demeurer optimiste.
17. Plongez-vous dans la lecture d'un bon livre — c'est thérapeutique.
18. Si quelqu'un vous traite avec rudesse, c'est peut-être que tout va mal pour lui ce jour-là. Faites preuve de compassion.
19. Tel un boomerang, ce que vous émettez vous revient — le bon et le mauvais.
20. Il n'est pas mauvais de « fleurir tardivement » — vous pouvez apprendre des erreurs de tous les autres.
21. À chaque jour, trouvez une occasion d'être reconnaissante.
22. Ne croyez pas ce que le conseiller en orientation de votre école dit au sujet de votre avenir si vous savez pouvoir faire mieux.
23. Si vous dites « Je n'ai pas le choix », vous vous mentez à vous-même.
24. Ne croyez pas que la vie sera juste. La vie *est*, tout simplement.
25. Les grands baiseurs ont beaucoup pratiqué — avec quelqu'un d'autre.
26. Si vous passez du temps avec des gens qui agissent mal — d'une certaine façon vous êtes d'accord avec ce qu'ils font.
27. Faites un compliment à quelqu'un quotidiennement.

28. Vous ne pouvez vraiment apprécier une chose à moins de l'avoir méritée.
29. Les corps maigres, sous-alimentés sont « out ». Les corps sains et forts sont « in ».
30. Faites confiance à votre intuition. Ce n'est pas un hasard si les femmes en possèdent autant.
31. Aimez-vous profondément — vous êtes unique !

KAY ALLENBAUGH

Éviter « l'imprévu » par crainte de se retrouver dans une situation mauvaise, dangereuse ou intolérable peut signifier manquer le bateau !

MARY ELLEN BRANDEBURG

MA VIE COMME UNE TAPISSERIE

J*'ignorais comment je m'y prendrais, mais je savais que je voulais* aller en Europe un jour. Quand j'étais enfant, je jouais avec Antje et Kirstin, mes amis allemands ; comme si j'étais entrée dans une tapisserie ancienne, je découvris peu à peu les sons et les mélodies du terroir de leur pays d'origine. Ma fascination pour ces sonorités persista longtemps après que j'eus cessé de m'intéresser à nos jeux ; à la fin de mes études secondaires, j'acceptais un poste de réceptionniste. Tout comme moi, plusieurs secrétaires étaient entrées dans l'entreprise la tête pleine de rêves ; mais des années de déceptions, de travail excessif et d'épuisement professionnel avaient fini par user ces rêves et les visages de mes compagnes en témoignaient. J'avais toujours cru que je ne retournerais jamais sur les bancs de l'école mais, voulant à tout prix échapper à la monotonie de mon travail, je repris mes études. À ma grande surprise, je découvris que j'aimais apprendre. L'atmosphère de l'université m'enivrait et me stimulait. Je pouvais relever de nouveaux défis. Je voulais m'impliquer et apprendre le plus possible ; c'était aussi une façon de maintenir bien vivant mon rêve : explorer le continent européen.

Les dimanches tranquilles, je feuilletais des piles de magazines afin de compléter un gigantesque collage de 2 mètres par 1,40 mètre. Jardins baroques, cathédrales gothiques, rues recouvertes de pavés ronds, moulins à vent, ruines romaines, longue rangée de maisons de briques, temples anciens, musées historiques et terrasses de café composaient ce gigantesque collage qui couvrait un des murs de ma chambre à la résidence des étudiantes.

Pendant des années, j'ai rêvé de l'Europe sans pouvoir concrétiser ce projet; puis, en terminale, mon professeur d'Allemand me fournit les coordonnées d'une famille autrichienne qui cherchait une bonne d'enfants. La semaine suivante, je rencontrais le représentant de la famille et l'après-midi même, je faisais ma demande de passeport. J'avais dit oui sans hésiter — un *oui* du fond du cœur — exactement comme le jour où j'avais pris la décision de reprendre mes études. J'avais l'impression de tenir dans mes mains les fils de la tapisserie de mon enfance.

Au mois d'août suivant, je pris l'avion pour Vienne, malgré toutes mes craintes et mes doutes.

« Tu ne reviendras pas », me dit une de mes amies. « Tu rencontreras un prince et tu vivras heureuse par la suite. »

Mais je répondis : « Non, non, je reviendrai dans un an pour faire ma maîtrise. »

Je me suis retrouvée seule dans la maison de la famille à Vienne et je n'avais aucune idée de ce qui m'attendait. Le couple était parti travailler, c'était ma première journée. Rassemblant tout mon courage, je fis taire mes inquiétudes — je ne maîtrisais pas la langue allemande — et je sortis faire le tour du pâté de maisons. Tout juste au coin de la rue, je découvris la première demeure de Beethoven et de Schubert. Je m'enhardis et agrandis mon champ d'exploration jusqu'à ce que j'aie visité toute la ville en tramway et en métro.

Mise à part l'obligation de communiquer en langue allemande, mon principal défi consistait à prendre soin d'un enfant de deux ans. Six mois plus tard environ, on me demanda de lui enseigner la propreté. Un jour, après une leçon infructueuse, en voulant nettoyer la petite Mara, je salis mon sweat-shirt. Au même moment, on sonna à la porte. Une deuxième, puis une troisième fois. Et encore une fois. Et ainsi de suite jusqu'à ce que je crie en Allemand : « Un instant ! » Je courus me changer et j'ouvris la porte. Je fis entrer cet inconnu et je sus immédiatement que je l'épouserais.

David, un voisin qui habitait au premier, voulait utiliser le téléphone car le sien ne fonctionnait pas. Nous habitions la même maison depuis six mois, nous faisions nos emplettes dans les mêmes magasins et courrions dans le même parc sans nous être croisés une seule fois. Comme aucun téléphone ne fonctionnait dans le quartier, David est resté et nous avons bavardé. Il revint le lendemain sous prétexte « d'avoir à discuter avec mes patrons de certains problèmes concernant la maison ». Il m'invita chez lui afin d'essayer sa toute nouvelle machine à café espresso. J'ai raté ma leçon d'Allemand et j'ai avalé ma demi-tasse de café nerveusement, tout en étudiant les lèvres rouge sombre de David et son sourire espiègle. Nous avons causé pendant des heures.

Mon année comme gouvernante terminée, David me suggéra de rester et de compléter ma maîtrise à l'université de Vienne. Quand j'ai vu le vieux bâtiment universitaire, ses salles de lecture, ses longues tables de bois et ses lampes vertes, j'ai senti qu'un autre *oui* émergeait de mon cœur. Ce ne fut pas difficile de me convaincre de rester. En Autriche, il n'y a pas de problèmes majeurs de drogues, pas d'armes dans les écoles ; l'enseignement supérieur est abordable ; il y a peu de sans abri ; tout le monde a accès aux soins médicaux ; on prend le recyclage très au sérieux ; il n'y a pas d'énergie nucléaire ; on y trouve une cuisine gastronomique, quantité de concerts, d'opéras, de galeries d'arts, d'expositions et de bals. Oui, oui, oui. Je gardais ce fil ténu dans ma main et je serrais bien fort. Tous ces « oui » me conduisirent à en prononcer un autre, cinq ans plus tard — le *oui* légal avec David.

Parfois je suis émerveillée en songeant à quel point les mélodies populaires aux sonorités gutturales de mon enfance ont tissé la trame de ma vie quotidienne. Ce qui autrefois était un collage de deux mètres par 1,40 mètre sur un mur de ma chambre d'étudiante est devenu une tapisserie vivante, une seconde respiration. Ma vie présente dépasse toutes mes espérances. Cela ne se fait pas sans heurts, sans un peu de turbulence et d'imprévu, mais je dis *oui* à l'imprévu, de la même manière que je dis *oui* à tout le reste car la beauté d'un objet fait à la main réside dans le processus même de sa fabrication.

KRISTA VEENKER ROTHSCHILD

L'opinion des autres ne peut définir qui je suis.

Oprah Winfrey

SE DÉFINIR SOI-MÊME

Je croyais ma carrière fichue avant même qu'elle n'ait commencé. Vêtue d'un tailleur de chez *Casual Corner*, j'étais assise dans un stationnement du centre-ville de Pittsburgh, sanglotant dans une serviette de table de Burger King. Est-ce que j'y arriverais un jour, ou allais-je être avalée comme un *cheeseburger* ?

Je sortais tout juste d'un salon de l'emploi dans les médias. À vingt et un ans, je venais d'obtenir un diplôme en journalisme de l'université Duquesne et j'étais impatiente de me trouver un job afin de montrer ce dont j'étais capable. J'espérais bien être embauchée lors de cette journée.

Après tout, j'étais une fonceuse qui avait fait tout « ce qu'il fallait faire ». J'avais fait des stages dans une station de télévision et une agence de relations publiques ; j'avais conservé une moyenne de 3.76 durant mes études et je participais aux activités d'un groupe de femmes qui travaillaient dans le secteur des communications.

Déjà enfant, je prenais très au sérieux mes activités d'écriture. En cinquième année, j'avais créé un journal de quartier et je le vendais à tous les gens de ma rue. J'avais engagé mon frère comme rédacteur sportif — et je l'avais congédié plus tard parce qu'il préférait jouer au base-ball plutôt que de décrire les parties. Et j'avais engagé une de mes amies comme secrétaire. J'avais dû la congédier aussi parce qu'elle ne connaissait pas le traitement de texte. Au *high school*, j'avais été reporter pour la station de télévision de l'école.

Durant le salon de l'emploi — secteur des communications, j'avais parlé à plusieurs représentants d'agences de presse, distribué un peu partout des exemplaires de mon curriculum vitæ et montré mon portfolio. Personne n'avait de postes disponibles mais les responsables me prodiguèrent gentiment des conseils sur la façon de m'y prendre pour réussir dans ce domaine où la concurrence est très forte. J'étais très déçue ; je décidai de faire une dernière tentative et de parler à un représentant des médias assis, un peu à l'écart.

J'écouterai ce qu'il a à dire, pensai-je. On ne sait jamais à quel moment on décrochera l'emploi de journaliste tant convoité, celui qui vous fera crier : « Ça y est ! J'ai réussi ! »

Je m'approchai timidement. Les coudes appuyés sur la table, il semblait s'ennuyer ferme. Je me suis présentée avec une solide poignée de main. La sienne était molle, comme une main morte. J'allais être la prochaine victime.

« Et bien, racontez votre histoire », dit-il.

Histoire ? OK, il me met à l'épreuve. Il veut connaître les grands titres de ma vie, il veut un cliché de mon univers. À vive allure, je racontai mon histoire : mes résultats scolaires, mon éthique professionnelle et tout le baratin que les conseillers scolaires m'avaient enseigné pour chercher du travail. Silence. *Aïe*, pensai-je, *il veut peut-être connaître mes réalisations.*

« Mademoiselle Mildren », dit-il.

« Euh, Meldrum. »

« Peu importe, lança-t-il. Écoutez, vous n'avez pas les qualifications requises pour être reporter chez nous. »

Je restais là, abasourdie. J'avais l'impression qu'il allait m'avaler en guise de déjeuner.

« En fait, continua-t-il, je pense que vous n'avez même pas les qualifications requises pour être assise ici et converser avec moi. »

Je devais avoir un air catastrophé qui semblait dire : « Continuez. J'aime qu'on me tape sur la tête. Ça me fait penser à un traitement de canal chez le dentiste. »

« À l'association pour laquelle je travaille, on ne veut même pas vous rencontrer si vous n'avez pas entre cinq et dix ans d'expérience. Vous me faites perdre mon temps. »

J'avais la gorge serrée. « Euh, j'ai fait des stages et... »

« Ça ne veut rien dire. On cherche des gens qui ont une véritable expérience. Vous ne l'avez pas. Vous ne pouvez faire ce travail, et nous ne voulons pas de vous. »

Tout le travail que j'avais fait jusqu'ici *ne voulait rien dire* ? Je me tournai et sortis en courant, les joues chaudes, ruisselantes de larmes. Je n'avais pas le droit d'être dans sa baraque ? Je n'étais personne. Est-ce qu'on voudrait bien, un jour, me laisser être quelqu'un ?

Un commanditaire du salon de l'emploi m'a dit plus tard qu'ils ne l'inviteraient plus jamais. Une bien maigre consolation. Après avoir obtenu mon diplôme, j'ai passé les trois mois suivants à chercher du travail ; et durant tout ce temps, je me faisais des reproches — ressassant les remarques négatives qu'on m'avait faites. Même mon dentiste y était allé de sa réflexion : « Vous ne pourrez jamais travailler à la télé avec de pareilles dents », avait-il dit. Je n'étais peut-être pas assez jolie pour la télé ou assez bonne écrivaine pour les journaux.

Mais bientôt, j'obtins un poste dans un bureau de la presse nationale pour une agence fédérale à Washington, D.C. Je commençai au bas de l'échelle et gravis peu à peu tous les échelons. En moins de cinq ans, j'écrivais les discours pour les directeurs et autres personnages officiels, j'organisais des conférences de presse, je faisais des interviews en direct à la radio, et je m'occupais de la rédaction et de l'édition d'une publication. Le soir, je travaillais comme présentatrice, réalisatrice et reporter pour une station de télévision. Beaucoup de boulot.

Le monde ne m'avait pas accueilli à bras ouverts à la fin de mes études, mais j'ai appris à ne pas me laisser définir par autrui. J'ai commencé à me définir moi-même. Je *n'étais pas* mon travail. L'estime de soi ne s'installe pas d'un seul coup, le jour où quelqu'un décide que vous êtes « assez bonne » pour un emploi. La confiance se développe peu à peu. Dans mon cas, cette évolution s'est produite quand j'ai déménagé seule, à 650 kilomètres de ma famille ; en étant obligée de m'occuper d'une souris vivante prise au piège dans ma salle de bain ; en allant quand même travailler le lendemain du jour où mon petit ami m'a dit qu'il ne m'aimait plus ; en circulant sur l'autoroute *Pennsylvania* un jour de pluie alors que mes essuie-glaces ne fonctionnaient pas — et en bricolant une petite attache pour les faire tenir en place. La confiance vint en me regardant dans un miroir, des années plus tard, consciente d'avoir gagné.

Et le monsieur « *Ça ne veut rien dire* » ? Il m'a téléphoné un jour, à mon bureau, parce qu'il avait besoin d'un renseignement. Je ne lui ai pas dit qui j'étais et je l'ai fait attendre plusieurs minutes.

« Merci d'avoir patienté », dis-je, en reprenant le combiné. « Newsweek et le Washington Post avaient préséance. Nous classons les appels par ordre d'importance. »

Kristine Meldrum Denholm

Avoir ce qu'il faut, c'est déjà être riche.

KATHARINE TYNAN

ÉTUDE DE CARACTÈRE

C*'est payant d'être un artiste. C'est du moins ce que je croyais* en première année de collège quand je me suis inscrite à mon cours préféré. Ha ! au lieu des maths ou des sciences, choisir un cours optionnel, fréquenter la classe des arts, côtoyer d'autres artistes, toucher du papier et manipuler du matériel de dessin... Et... avoir des devoirs. Ah non !

Je n'avais pas vu si loin. Où avais-je la tête ? Je n'étais pas une artiste. Et je m'en suis rendu compte le jour où, obéissant à M. Matoush, nous avons tous pris nos fusains et avons fermé les yeux. Comment pouvions-nous dessiner ainsi ? Mais M. Matoush savait ce qu'il faisait, Dieu merci. Par la technique de l'esquisse, nous sommes parvenus à saisir l'essence d'un objet. En ouvrant et fermant les yeux, nous lâchions prise et nous nous sentions davantage en contact avec la chose dessinée. Malgré son aspect difforme ou malpropre, le dessin avait plus de caractère que nos soigneuses recherches de la perfection.

Ce jour-là, je cessai de me demander si j'avais les aptitudes nécessaires, mais en me présentant en classe le jour suivant, mes doutes du genre « je n'ai pas ce qu'il faut » refirent surface. « Et maintenant ? » pensai-je tristement, sachant que j'allais devoir réaliser une reproduction fidèle d'un sujet au fusain. Cela se rapprocherait-il seulement de ce que je voyais ? Mon dessin aurait-il l'air ridicule ? Faudrait-il que je fuis, loin du regard des « vrais » artistes de la classe ?

Envahie par ces craintes, je voyais bouger la moustache de M. Matoush. A un certain niveau, je savais qu'il expliquait un devoir important. À un autre niveau, je ne voulais simplement pas l'entendre. J'avais de plus en plus le sentiment d'être une débutante.

« Dessinez une personne » dit simplement M. Matoush. J'attendis la suite. Peut-être une explication. C'était tout.

Ah ! voilà quelque chose que je peux faire, se dit une partie de moi-même. *Ha ! tu veux rire*, répliqua une autre voix intérieure, plus fort. Ce débat contradictoire fit rage toute la semaine. Après tout, j'avais le temps. L'inspiration viendrait. *Demain sera le bon jour*, pensais-je. Le problème, c'est que je me redis la même chose à chaque jour, jusqu'à ce qu'il soit trop tard.

C'est ce soir, décidai-je, coincée. Mais qui dessinerai-je ? À qui puis-je demander de rester assis sans bouger ? Qui acceptera de le faire ? Et pourquoi dessiner une personne réelle puisque, de toute façon, le dessin ne lui ressemblera pas. Comme c'était embarrassant !

A..a..a..lors, dans un sursaut de créativité, je sortis mon périodique *Seventeen*. Parfait, pensai-je, il ne manque pas de beauté là-dedans ! Fusain en main, je m'appliquai à la tâche, travaillant, retravaillant, absente au reste du monde.

Une clôture prit forme, puis un modèle attrayant, perché dessus. Un modèle ? Mes yeux d'artiste scrutèrent, scrutèrent encore. Ce n'était pas une vraie personne. C'était un modèle ! Sur le papier devant moi, une coquille vide. Décontenancée, j'ai senti mes pensées tourbillonner.

Mais je croyais que tout le secret était là. Paraître belle. Chaque détail au point. Les bons vêtements. La bonne coiffure. La...

Comme un vase de cristal qu'on aurait échappé, mon idée de la beauté s'écrasa à mes pieds — en mille miettes.

Je m'arrêtai et posai mon fusain. Est-ce là ce que nous recherchons, nous toutes, femmes et adolescentes ? Cette beauté vide, est-elle « ce qu'il faut avoir » ?

Au cours de la soirée, je compris que j'avais tout ce qu'il faut, d'une façon différente. Le lendemain, j'allai voir le maître. Lui confiant mon problème, je lui demandai de m'accorder une semaine supplémentaire.

« Ferez-vous deux fois mieux ? » répliqua M. Matoush, une étincelle dans les yeux. Cette étincelle me plut, et je me demandais, *d'où elle venait, où il l'avait prise* ?

« Oui », répliquai-je, reconnaissante. Et dès lors, je m'appliquai à mes cours d'arts, sachant que j'étais à la hauteur. Sachant que chacun de nous a ce qu'il faut. Et je me mis à dessiner des vieillards ridés, des jeunes rieurs ou de vraies personnes méditant sur certains moments de la vie. Plus jamais de modèles — presque parfaits — juchés sur des clôtures. Saisissant mes bâtons de fusain avec une ardeur nouvelle, je me mis à faire des études de caractère.

Cela se passait avant qu'on apprenne les mots *boulimie* et *anorexie*. Nous étions des jeunes filles soumises à l'influence des images super lustrées et parfaites à l'excès. Et nous n'avions pas toutes l'occasion de suivre des cours d'arts et de voir ce qu'est la véritable beauté — et ce qu'elle n'est pas.

Cette expérience a changé ma façon de considérer la vie et d'apprécier le caractère de chacun. Je me demande si M. Matoush était conscient de tout ce qu'il nous enseignait. Je suis portée à le croire.

Fusain en main, j'ai découvert que j'avais raison : c'est payant d'être artiste. Et la semaine suivante, de nouveaux dessins sous le bras, je passais voir M. Matoush. « Excellent » me fit-il, souriant à la vue de l'étincelle neuve qui éclairait mon regard. Et je lui rendis son sourire, sachant que l'étincelle dans mes yeux ressemblait à la sienne.

SHEILA STEPHENS

PREMIÈRES IMPRESSIONS

Durant l'été qui précéda mon entrée en septième année, j'ai passé beaucoup de temps devant le miroir. Je croyais pouvoir dissimuler ma terreur de l'école secondaire sous un sourire de circonstances.

La politique scolaire du district nous obligeait à quitter la sécurité de l'école du quartier et nous projetait dans l'immense complexe scolaire situé à l'autre bout de la ville. Les amis qui avaient grandi ensemble, qui jouaient à botter une vieille boîte de conserve dans les rues et au volley-ball dans les cours arrières, allaient maintenant être éparpillés dans diverses « sections » ; nous allions devoir parcourir d'interminables couloirs pour nous retrouver à la merci de plusieurs professeurs à tous les jours.

Cela signifiait qu'à l'heure du déjeuner, nous ne pourrions plus revenir à la maison, envoyer la main aux voisins et apprécier le chant des oiseaux ; mes parents allaient devoir me conduire à l'école à tous les jours ; j'allais découvrir des choses aussi étranges que : manger un hamburger dans une sauce grasse à la cafétéria, au sous-sol, et supporter le vacarme infernal qui y régnait.

Inexorablement, le premier jour arriva. Je faisais partie de la foule grouillante de garçons et de filles provenant d'un peu partout qui se présentaient là ; une nouvelle époque de notre vie commençait. J'ouvris la porte de la voiture et fis l'essai de mon nouveau sourire avec ma mère, puis je me mis frénétiquement à la recherche de la « salle de mon titulaire de classe ».

La pièce était à moitié pleine quand je suis arrivée ; nous devions nous placer selon l'ordre alphabétique et je me suis installée à la place qui m'était assignée. Craignant un contact visuel avec les autres, je regardais fixement devant moi et je retenais mon souffle. Un souvenir est resté gravé dans ma mémoire : le moment où mon sourire a flanché et où mon niveau de confiance a baissé plus bas que le niveau minimal. Une fille cool vêtue comme si elle venait tout juste de sortir du plateau de l'émission *90210* entra en se pavanant. À cet instant, mes vêtements neufs me parurent ridiculement simples ; un gouffre d'une profondeur insondable séparait l'école élémentaire et ce nouveau monde.

Cette fille attirait l'attention de tout le groupe, particulièrement celle des garçons ! Avec une telle flirteuse dans la classe, je ne pourrai jamais suivre les cours, encore moins fréquenter une personne semblable. L'année allait être longue ; ce fut pire quand je découvris que nous avions toutes les deux le même prénom : Linda.

Je me dis qu'elle devait porter un soutien-gorge matelassé — personne ne peut être aussi parfaite. Une petite tape sur mon épaule interrompit mes réflexions angoissées ; j'étais bien contente d'avoir un prétexte pour me tourner.

« Salut ! Je suis Nancy. »

Le sourire de Nancy illuminait tout son visage. En silence nous nous sommes regardées et la même lueur de compréhension se lisait dans nos yeux. Heureusement, tous nos professeurs avaient choisi l'ordre alphabétique pour assigner les places de telle sorte que Nancy se trouva assise derrière moi dans chaque classe ce jour-là. Mieux que n'importe quel miroir, son visage me renvoyait mon sourire. Elle se joignit à moi dans le brouhaha de la cafétéria, rendant l'expérience plus tolérable.

Durant ces périodes de déjeuner, nous avons rapidement compris que ce que nous mangions était moins important que ce dont nous parlions. À partir de ce jour et au cours des six années suivantes, notre cercle d'amies s'agrandit, et nous avons toutes beaucoup appris sur les inégalités et les qualités intérieures. Nous avons partagé nos insécurités et les vicissitudes de l'existence, nous avons découvert que nous nous ressemblions beaucoup plus que nous le pensions.

Avec son enthousiasme, Linda devint un modèle pour plusieurs d'entre nous ; je compris un jour qu'elle avait une très grande confiance en elle, et qu'en même temps, elle nous ressemblait beaucoup. Nancy et moi étions impressionnées par la facilité avec laquelle elle parlait aux garçons, et encore plus impressionnée par la rapidité avec laquelle elle nous introduisait dans la conversation. L'heure du déjeuner devint réellement plus intéressante quand les garçons commencèrent à s'asseoir à notre table. En observant Linda, j'ai commencé à comprendre ce que signifiait *être à l'aise* en restant simplement soi-même.

En repensant à ces jours-là, j'ai compris qu'une première impression est parfois indélébile, et que Nancy et moi serons toujours de bonnes amies. J'ai découvert aussi que si je n'avais pas fait preuve d'une certaine ouverture d'esprit, et si j'avais refusé de changer la perception négative que j'avais de Linda au départ, j'aurais vraiment raté quelque chose.

Près de quarante ans plus tard, Nancy, Linda et moi parlons souvent de nos premières impressions, celles qui sont durables et celles qui se modifient plus tard, en pouffant de rire exactement comme nous le faisions à cette époque. Linda et moi avons été témoins au mariage l'une de l'autre et, depuis ce premier jour de classe en septième année où nous sommes entrées à tour de rôle dans la salle, nous avons fait un grand bout de chemin.

LINDA G. ENGEL

La nourriture de l'âme est notre passeport personnel pour comprendre le passé.

SARAH BAN BREATHNACH

EN COMPAGNIE DES FEMMES

À *chaque été, ma grand-mère semait un potager. Ce n'était* pas un simple coin de terre de 2 m^2 dans sa cour arrière mais bien un vaste terrain, toujours plus grand d'année en année, un lieu sacré, protégé par une clôture. Ce potager était sa fierté et sa joie, et pour moi qui n'était alors qu'une enfant, il représentait un inquiétant mystère. Ma grand-mère appliquait les règles d'accès au jardin avec une poigne de fer. Quand vous étiez assez âgé pour savoir marcher entre les rangs sans écraser les plants, vous aviez la permission d'entrer pour arracher les mauvaises herbes, et encore, sous haute surveillance et pour de courtes périodes de temps. Sincèrement, ce n'était pas un privilège auquel j'aspirais, ou qui m'a réjouie quand il me fut accordé.

Par contre, j'aimais beaucoup partager les trésors que le dur labeur de ma grand-mère produisait. Les récoltes de son potager étaient vraiment quelque chose à voir — des boisseaux de haricots mange-tout, des courges cou tors jaunes et sucrées, et de minuscules pommes de terre rouges, son légume préféré.

À chaque fois que ses enfants venaient la visiter, grand-mère distribuait des sacs remplis de légumes frais car mes grands-parents ne pouvaient manger tout ce que le potager produisait. Et durant l'été lorsque nous dînions chez eux, nous mangions ces délicieux légumes fraîchement cueillis. Le plus beau cadeau du potager pour nous, c'était les grosses tomates juteuses, si savoureuses ; mon frère et moi adorions les manger encore chaudes en les prenant directement sur le plant. Nous en raffolions tellement que nous nous sommes exposés plus d'une fois à subir la colère de grand-maman alors que nous grimpions la clôture avec notre butin. La fin justifiait les moyens, encore plus si l'un de nous avait pris la précaution d'emporter la salière avant de partir pour notre expédition. Grand-maman avait un don pour cultiver les tomates. Des tomates au goût unique, un goût que je n'ai jamais retrouvé depuis, et qui poussaient en quantité telle qu'il fallait, dès le mois de juillet, nettoyer les bocaux et les mettre en conserve.

L'expérience peut se résumer facilement. En un mot — chaude. En deux mots — très salissante. Pour réaliser l'opération de mise en conserve, il faut de grandes quantités d'eau bouillante, des tomates — donc une grande quantité de pelures de tomates — des cocottes-minute, et beaucoup de sueur. En Virginie, on met habituellement les tomates en conserve à la fin juillet ou au début du mois d'août, au moment où la production commence à décliner. J'avais vu ma mère et ma grand-mère mettre en conserve les tomates depuis des années, et j'étais soulagée d'échapper à ce travail où l'on était plongé dans la vapeur ; je m'enfuyais dans la cour arrière et je traversais en courant le jet d'eau de l'arroseur, essayant de tirer le meilleur parti possible de la chaleur écrasante et de l'humidité de l'été. Quand finalement arriva l'année où je fus recrutée pour aider, je fus loin d'être ravie.

À contrecœur, je pris mon poste à la station de l'épluchage. Cernée par ce qui me semblait être des montagnes de tomates, je m'assis en silence et pleurai en mon cœur la perte de ma jeunesse et de ma liberté (des pensées bien abstraites pour une jeune dégingandée de onze ans). Grand-maman assignait à chacune sa place avec une grande précision. Ma mère installée près de l'évier, lavait les bocaux. Grand-maman versait l'eau bouillante dans les seaux pour blanchir les tomates et faciliter ainsi l'étape de l'épluchage. J'étais assise avec à la main un couteau dont la lame était émoussée, du jus dégoulinait sur mes bras et mes pieds, et je pelais, je pelais, une tomate après l'autre, désespérant d'en venir à bout.

Puis, au fil des heures, quelque chose de magique se produisait. Ma grand-mère commençait à raconter des histoires : des histoires sur la mise en conserve des tomates quand elle était petite fille sur une ferme en Caroline du Nord ; elle expliquait pourquoi cette production-ci n'était rien en comparaison des récoltes qu'elle et ses sœurs avaient connues à chaque été. Maman racontait les aventures de son père qui essayait année après année de fabriquer une saumure parfaite, sans jamais y parvenir. Ma grand-mère remplissait les bocaux, ma mère mettait les couvercles en places, le rythme de travail était bon et les heures passaient rapidement. Assise en silence, j'écoutais simplement. Je pelais, j'écoutais, et pour la première fois de ma jeune vie, j'appartenais à cette société secrète des femmes de ma famille qui faisaient de la cuisine le cœur d'une maison.

CARRIE D. THORNTON

CHASSER LES NUAGES DE MON CŒUR

« *Aimerais-tu donner un séminaire aux nouveaux membres de* notre club d'étudiantes ? » me demanda le conseiller du collège avec un regard confiant qui en disait long. « Nous avons besoin d'un leader comme toi pour s'adresser aux jeunes femmes : nous voulons leur parler du viol et des dangers qu'elles courent en sortant avec des inconnus. »

« Comptez sur moi », répondis-je. J'étais prête à relever de nouveaux défis, particulièrement pour aider des jeunes femmes nouvellement arrivées sur le campus et prévenir d'inutiles souffrances.

Deux ans plus tard, l'air hagard, je lisais à ma mère la déposition que j'allais moi-même présenter aux policiers. Ma nature ouverte, prête à relever tous les défis avait disparu ; à voix basse, je lisais sur un ton monocorde, la description du viol dont *j'avais* été victime.

L'expérience acquise en enseignant toute la session m'avait montré qu'il fallait parler de ce qui nous arrivait : une agression imprévisible, après plusieurs sorties avec un bel étudiant originaire d'un autre pays. En faisant un retour en arrière, je peux comprendre certaines choses que je n'avais pas vues dans l'excitation de nos premières rencontres. Maintenant je peux identifier les signes précurseurs. Il se révélait *trop* fascinant, *trop* agressif dès le départ, faisant pression sur moi pour toutes sortes de choses. La plupart des relations que j'avais eues auparavant avaient commencé avec plus de maladresse. Plus de vérité et de réalité, peut-être.

Mais celle dernière relation avait été trop réelle. Réelle oui mais sans les preuves suffisantes pour mener une action en justice. Je n'arrêtais pas de penser à ce mot « suffisantes ». Et ma vie commença à s'ennuager. Ce n'était pas des nuages blancs et floconneux comme ceux qui traversent rapidement un ciel d'été mais cette sorte de nuages gris et menaçants qui, sans l'ombre d'un doute, sont là pour rester; ils assombrissent tout ce qu'il y a autour. Même si j'essayais de concentrer mon attention sur ce que j'avais appris — et que j'avais enseigné aux autres — je me sentais tout de même extrêmement vulnérable et bientôt, complètement perdue.

Alors ne pouvant plus affronter la réalité, je me cachais. Et je me demandais : *Pourquoi as-tu laisser tout cela se produire ?* Personne ne savait que je continuais à m'interroger là-dessus. Je fuyais d'un lieu à un autre, portant des verres fumés comme une aveugle, et des vêtements trop amples afin de ne pas attirer l'attention des beaux parleurs.

Je peux y arriver, pensai-je. *Je peux m'en sortir.*

Et je le fis. C'était un progrès, du moins je le croyais. Et un an plus tard, toujours plongée dans un coma émotionnel que je n'arrivais pas à reconnaître, j'ai finalement recommencé à sortir avec des garçons. À ce moment-là, je n'ai pas réalisé que j'agissais comme de nombreuses autres victimes d'abus sexuel, : je recherchais la promiscuité sexuelle, je buvais et je prenais de la drogue. Dans mon esprit, l'activité sexuelle était synonyme d'intimité et l'alcool un outil qui pouvait m'aider à guérir. Quand j'avais bu, je pouvais parler de mon expérience, je me sentais près des hommes à qui je parlais du viol que j'avais subi, puis je dormais avec eux. Je croyais bien avoir enclenché le processus de guérison. Tout irait mieux.

Mais je ressentais encore une douloureuse blessure. Pourquoi ?

Dans ma vie antérieure, avant le viol, j'avais recherché de nouvelles avenues et de nouvelles façons de grandir, de m'épanouir. Mais maintenant, je reproduisais toujours les mêmes patterns. Depuis sept ans. Sept longues années de gueules de bois sans nombre et de dépressions. Les gens ont bien essayé de m'aider, mais le cycle de l'abus se reproduisait — je devenais l'instrument de ce cycle infernal.

Durant toute cette période si difficile, mon père m'a offert un appui indéfectible; il m'invitait même à dîner chez lui et nous bavardions. Un soir, les nuages s'estompèrent un instant, et je me sentis prête à entendre des paroles qui pouvaient rompre cette interminable agonie. Au cours du repas, nous avons parlé de spiritualité et même de pardon, des sujets que je n'avais pas abordés souvent dans ma vie.

J'ai pardonné à tout le monde, me dis-je et je le croyais sincèrement. *J'ai pardonné à celui qui m'a violé, aux hommes qui me faisaient penser à lui, à la police, et à tous ceux qui ne m'ont pas aidée quand j'en avais besoin.*

Et comme si papa avait pu lire dans mes pensées il dit lentement : « Tu sais, les choses ne s'amélioreront pas pour toi si tu ne te pardonnes pas à toi-même. »

Il avait les yeux pleins de larmes et moi aussi. Quand je suis partie, ce soir là, je ne savais pas encore si j'arriverais à franchir cette étape. J'avais besoin de l'aide d'en haut. En arrivant chez moi, je me suis agenouillée et j'ai demandé de l'aide pour arriver à me pardonner. Logiquement, je savais que je n'avais rien fait de mal, mais je continuais malgré tout à me blâmer.

Les mois qui suivirent furent parmi les plus difficiles de ma vie; j'étais en colère contre moi-même et je me jugeais depuis si longtemps que mon cœur en était non seulement assombri mais il s'était fermé. Je me blâmais et je me détestais depuis sept ans… changer d'attitude était aussi difficile que d'abandonner une dépendance ou un compagnon de route. Maintenant je m'en remettais à Dieu.

Ma tête continuait de s'opposer à mon cœur. Mon mental voulait tout contrôler, il voulait me protéger et m'aider à me cacher. Mais, un jour, je me suis demandée pourquoi je voulais me cacher. Et qui au juste je voulais être. Et j'ai découvert que je ne voulais plus suivre le scénario qu'un étudiant enjôleur m'avait refilé. J'ai pleuré ce soir-là parce que je n'avais pas pris soin de moi et tout comme je lui avais pardonné, je me suis pardonnée. Et puis j'ai commencé à écouter mon cœur.

Mon cœur avait son propre scénario de vie, je l'ai suivi et j'ai avancé dans un territoire inconnu. J'aurais préféré ne pas avoir à subir une telle épreuve mais j'ai pris conscience que les épreuves nous offraient aussi l'occasion de grandir. Maintenant j'ai grandi en pardonnant ; tel un ciel serein, le pardon vous réconforte et vous donne du courage, même les jours d'orage.

Aujourd'hui, consciente de la valeur de mon corps et de mon âme je les enveloppe d'affectueuses pensées ; je prends soin de ma famille et de mes amis ; grâce à la spiritualité, j'ai compris qu'on ne doit pas subir mais vivre dans la joie en donnant un sens à chaque journée. Aujourd'hui, je porte des vêtements différents — des collants et des pulls de couleurs vives — et je parcours 30 km à vélo pour effectuer l'aller-retour à mon travail. J'ai une nouvelle liaison — une relation romantique basée non seulement sur l'affection mutuelle mais aussi sur le respect.

La tête ou le cœur ? Qu'est-ce que j'enseignerais aujourd'hui si je devais redonner un séminaire ? Je crois que je dirais : prenez un peu des deux mais n'oubliez surtout pas votre cœur. Laissez-le vous guider : pour exprimer les choses refoulées qui vous détruisent ; pour vous pardonner et vous aimer ; et découvrir une toute nouvelle façon d'être forte.

Je pense à tout ce que j'ai découvert sur cette nouvelle route et je réalise que j'ai beaucoup appris au cours des sept dernières années. En grimpant sur mon vélo, je peux sentir une grande énergie couler dans mon corps, mon âme *et* mon esprit. Et lorsque je mets mes lunettes de soleil, un sourire me monte aux lèvres. Mes fidèles lunettes de soleil — que j'utilise aujourd'hui non plus pour me cacher, mais pour mieux voir le chemin.

SHERI TERJESON

LA VÉRITÉ DU CŒUR

En août, Shanghai, la ville chinoise, ployait sous une vague de chaleur accablante qui réduisait presque toute la population de réfugiés à une masse humaine trempée de sueurs. Le cycle suffocant des « temps chauds du Tigre » étranglait la ville surpeuplée et fébrile installée sur les bords du fleuve Huangpu.

Nous étions en 1944. La guerre sévissait toujours en Europe, même si un nouvel espoir de la voir prendre fin avait éclos avec l'invasion de la Normandie par les forces alliées. Nos vies étaient aussi embellies par les rumeurs allègres qui circulaient dans notre camp de détention japonais et qui indiquaient que les armés nippones perdaient du terrain. Plusieurs de nos amis qui avaient accès à un poste clandestin de radio à ondes courtes nous renseignaient presque quotidiennement sur les lourdes pertes qu'encaissaient, sur terre et sur mer, les forces japonaises du Pacifique.

Environ 18 000 Juifs d'Europe centrale, qui avaient trouvé un asile précaire — et provisoire — à Shanghai, avaient été internés par les forces d'occupation japonaises peu de temps après Pearl Harbor. En cette quatrième année de captivité, la pénurie de vivres et de médicaments ainsi que l'insalubrité des lieux nous rendaient la vie très pénible. Le commandant du camp, l'infâme Goya-san qui s'était lui-même surnommé « le roi des Juifs », était un psychopathe arrogant dont les machinations contribuaient fortement à alourdir les désagréments de notre captivité. La vie était dure pour les plus jeunes comme les plus âgés.

Pour ceux d'entre nous qui étions adolescents, il n'y avait aucun endroit où aller, aucun endroit où jouer, aucun endroit où être jeunes et sans soucis. Nous nous demandions ce que les jeunes de notre âge faisaient en Amérique. Quels étaient leurs loisirs ? Que faisaient-ils pour s'amuser ? Que mangeaient-ils ? Et allaient-ils au cinéma ?

Eva Kuenstler, ma meilleure amie et moi, restions des heures assises dans la minuscule cour de la baraque d'une seule pièce qu'elle habitait avec ses parents, à spéculer sur ce que faisaient les jeunes des autres continents, tout en écrabouillant mouches et moustiques. Nous nous demandions ce qu'ils portaient. Qu'est-ce qui était à la mode ? Et nous, nous étions là, vêtues de nos vieilles robes, jupes ou blouses délavées, faites et refaites cent fois. Il nous restait quelques vêtements d'avant l'exil, mais ils ne convenaient pas au climat subtropical de Shanghai et la moisissure les avaient déjà fait virer au gris.

Eva, dix-sept ans, était une *petite brunette* au physique délicat ; ses épais cheveux châtains aux reflets blonds encadraient un visage expressif à la bouche pleine et aux yeux d'ambre inquisiteurs. Ses parents, qui avaient été des marchands d'épices prospères en Autriche, vivaient dans leur propre monde, coupés de la population orientale qu'ils avaient en horreur. De plus, ils ne savaient pas s'y prendre avec un enfant. Avant l'émigration, Eva avait été élevée par des bonnes et on lui donnait habituellement tout ce qu'elle demandait. Depuis un bon bout de temps déjà, elle se querellait âprement — et fréquemment — avec les siens. Lassée de ses récriminations constantes, je lui citai la maxime de mon père, qui disait à peu près ceci : « À défaut d'autre chose, ce que nous possédons est sans doute ce qu'il y a de mieux pour nous. » En d'autres mots, accommodons-nous de la réalité. Mais des mots, qu'ils soient sages ou pas, elle n'en avait que faire. Eva voulait « des choses ».

Depuis peu, elle fréquentait une jeune Hongroise, Elena, qui s'était déniché un « bienfaiteur » japonais et jouissait des fruits de cette relation douteuse. Le jeune officier avait accès à un stock de marchandises dont nous avions depuis longtemps oublié l'existence. Il lui apportait des souliers suisses, des boîtes de conserve américaines, du café, des mètres de soie fine et de coton sans compter un tailleur très pratique, des cigarettes américaines, des bijoux... et des livres. La jeune Elena, 17 ans, ressemblait à une carte de mode bien nourrie et, s'il nous arrivait de la rencontrer, elle ronronnait comme un chat qui vient d'avaler un canari.

Elena n'était pas la seule à troquer l'estime de soi pour des babioles. Elles n'étaient pas rares les Européennes mariées ou célibataires qui choisissaient d'élever leur niveau de vie en se faisant « compagnes » d'hommes d'affaire ou d'officiers japonais. Je faisais partie d'un petit groupe de jeunes qui, sans être moralisateurs, comprenaient que le prix de ces robes neuves, de ces paires de souliers ou de ces repas au restaurant était trop élevé.

Un après-midi chaud et moite d'août, très excitée, Eva m'annonça à voix basse qu'elle n'en pouvait plus !

« J'en ai assez de ma vie » dit-elle. « J'en ai marre de passer mon temps assise à parler d'idées grandioses et d'idéaux lumineux pendant que j'ai faim, que je suis en sueur et que suis vêtue de haillons. Je suis jeune et je veux m'amuser. Je veux du beau linge. Je veux aller au restaurant. Je veux sentir la douceur d'une robe de soie contre ma peau. Je veux un bon parfum. Je veux être admirée par un homme... je veux... je veux... je veux... »

Sous le sceau du secret, elle me confia qu'Elena lui présenterait le soir-même un officier japonais à la recherche d'une compagne. Il était loin de son foyer (qui ne l'était pas ?) et la solitude lui pesait.

« Tu veux devenir une prostituée ? » J'étais bouleversée sans être vraiment étonnée. « Tu veux vendre ton corps (quelle tristesse) en échange de quelques repas et quelques vêtements ? »

lui lançai-je encore. Nous n'avions encore jamais tenu la main d'un garçon et n'avions pas la moindre idée de ce qu'était une relation intime. En revanche, nous avions entendu des histoires à faire dresser les cheveux sur la tête à propos des agissements de certains hommes.

J'ajoutai : « Tu te souviens de ce dont nous avons parlé chez les Landerhoff l'autre soir ? »

Eva détourna les yeux.

Les Landerhorhoff formaient un ménage merveilleux ; ils invitaient des jeunes dans leur minuscule logement pour manger des arachides, boire un thé tiède et parler de différents sujets, depuis le cycle vital des papillons jusqu'à Lao-Tseu, en passant par les philosophes grecs, Voltaire et la révolution russe. Nos hôtes stimulaient nos facultés intellectuelles, rassasiaient nos esprits, nous montraient le pouvoir des idées visionnaires et nous offraient l'occasion d'apprendre à transcender par la pensée notre pitoyable sort.

« Quand tu rencontreras cet homme, ce soir », dis-je, sans m'occuper de l'humeur contrariée d'Eva, « souviens-toi de nos discussions. Nous étions tous d'accord là-dessus : la façon de relever les défis et d'accuser les coups durs est déterminante dans une vie. M. Landerhoff nous a aussi fait comprendre que pour chaque action, il y a une conséquence. Il nous a rappelé que ce ne sont pas les jours faciles mais les jours difficiles qui nous rendent forts. »

« Eh ! bien ! » Eva se dressa — « j'en ai ras-le-bol des jours difficiles et de plus, » ajouta-t-elle, en ponctuant sa phrase d'un coup de tête qui permit à sa magnifique chevelure de se déployer, « je n'ai pas besoin d'approbation, ni de toi, ni de qui que ce soit. Mon cœur me dicte ce que j'ai à faire. »

« Parfait, » lui criai-je, « assure-toi seulement de consulter ton cœur une fois de plus avant... »

La période des « temps chauds du Tigre » se termina, l'air se rafraîchit suffisamment pour offrir un certain répit, les humeurs s'adoucirent et la vie parut s'alléger. J'ai passé plusieurs jours sans voir Eva, mais, cédant un jour à la curiosité, je me suis rendue chez elle. Elle ouvrit la porte, toujours vêtue de sa vieille jupe de coton et de son chemisier délavé noué à la taille. *Bien,* pensai-je, *le tailleur de service ce sera pour une autre fois.* Elle me sourit avec une pointe de timidité et, sans dire un mot, me conduit à travers l'unique pièce de la famille jusqu'à notre repaire dans la cour.

« Eh bien, » fis-je, brisant le silence. « Que s'est-il passé ? »

Elle cacha son visage dans ses mains, puis le découvrit ; un air de gravité dans ses yeux d'ambre, elle soupira et me dit : « Rien. Il ne s'est rien passé. J'ai changé d'idée. Je ne suis pas allée voir cet homme. Mon air de bravade et de défi n'était ... qu'un jeu. J'ai réfléchi sérieusement après ton départ. J'ai décidé que je ne voulais pas avoir à assumer un jour le souvenir d'une pareille décision. Tu avais raison, je n'étais pas vraiment à l'écoute de mon cœur. Je ne l'avais même jamais consulté. Quand je l'ai fait, j'ai reçu la bonne réponse. Le cœur ne ment jamais. »

URSULA BACON

V
AU-DESSUS, EN DESSOUS OU AU TRAVERS

Poursuivre ses rêves les plus chers est difficile, croyons-nous. Le véritable problème c'est que nous dispersons notre énergie en saisissant toutes les occasions qui s'offrent à nous.

Julia Cameron

MA PROPRE VOIE

En commençant mes études universitaires, j'avais un plan. Au cours des quatre années à venir, je comptais apprendre un maximum de choses, rencontrer plein de gens intéressants et un jour, après avoir passé mon bac, aller vivre à Londres. Trouver un mari était bien la dernière de mes préoccupations ; j'avais tellement de choses en tête ! Et de toute façon, je n'avais pas vraiment envie de me marier.

Durant les trois années suivantes, j'ai suivi cette trajectoire sans dévier. Pour compléter deux majeures : une en histoire et une en anglais, je devais lire une quantité incroyable de livres ; et je me suis impliquée dans diverses organisations sur le campus. Mais ce que j'appréciais par-dessus tout, c'était les après-midi sans fin passés à siroter un thé avec des amies ; nous échangions nos points de vue sur tous les sujets, depuis le dernier scandale politique jusqu'aux meilleurs livres en vogue. Nous avons pleuré, nous avons applaudi à nos réalisations respectives et nous nous sommes toujours épaulées les unes les autres quand nous subissions des revers.

Curieusement, au cours de la session d'automne de ma dernière année, un sujet de conversation fit son apparition — et devint rapidement récurrent. Je fus troublée en découvrant que mes amies si spirituelles et brillantes développaient tout à coup une idée fixe : se fiancer avant la remise des diplômes. Comme si la vie devait commencer par une demande en mariage et une bague sertie d'un diamant. « Après tout », me dit Ellen mon amie, « une fois nos études terminées, nous n'aurons plus autant d'occasions de rencontrer des hommes de notre âge. Si nous ne trouvons pas maintenant l'homme de nos rêves, les chances de le rencontrer par la suite diminueront de façon si dramatique que j'ose à peine y penser ! »

J'étais complètement abasourdie. Je ne comprenais pas ce qui arrivait à ces femmes naguère si enthousiastes à l'idée de vivre seules à Boston, de parcourir l'Europe sac au dos ou de démarrer leur propre entreprise. Tous ces projets passionnants semblaient éclipsés par l'urgence de trouver un homme. Les mères de mes amies discutaient des différentes options pour un mariage ; les pères approuvaient le choix des prétendants, et tout le monde semblait connaître jusqu'au motif exact sur l'indispensable porcelaine chinoise.

Carrie, une de mes meilleures amies, avait toujours désiré être médecin ; elle tomba en amour avec un homme qui hésita en voyant l'intérêt qu'elle portait aux *Women's Studies*. Au lieu de s'inscrire en médecine, elle trouva un job chez Bloomingdale's.

Je ne voyais rien de mal au fait de se marier un jour et j'étais sincèrement heureuse pour mes amies qui se fiançaient. Simplement, je ne pouvais comprendre les motifs d'un tel empressement. Nous avions, pour la plupart, à peine vingt et un ans ! Je ne pouvais comprendre non plus pourquoi je n'étais pas dans le coup, pourquoi je n'avais pas envie d'entreprendre ma propre quête de l'homme idéal. Plusieurs de mes amies croyaient que je refoulais mon profond désir de me marier et que j'essayais d'être « une féministe radicale ». Je commençais à m'interroger. Il y avait peut-être quelque chose qui clochait chez moi.

Au mois de février de ma dernière année, un jour d'hiver froid et bruineux, typique de la Nouvelle Angleterre, je reçus un appel de ma mère. Ma grand-mère venait de mourir. Cette grand-mère qui m'avait toujours dit de poursuivre mes rêves sans m'occuper des gens qui pourraient tenter de me décourager.

Cette femme qui, après avoir divorcé en 1930, avait choisi de vivre avec sa fille une vie digne de ce nom, malgré le fait qu'à cette époque, une femme divorcée devait généralement se résigner à rejoindre le groupe des « vieilles filles ». Cette femme, qui avait conquis le monde à sa manière, avait toujours cru que je pourrais faire de même si je le voulais. Et maintenant, elle n'était plus là. Qui d'autre pourrait comprendre mon choix de ne pas me marier sans me taxer d'anormalité ?

Mon père et moi avons pris l'avion pour le Michigan afin d'assister aux funérailles. Durant tout le trajet, nous n'avons pas beaucoup parlé et je sentais monter ma peine en vagues successives. J'avais tellement pleuré que j'en étais épuisée. Dans la voiture, en route vers l'église, je pensais constamment à ma grand-mère : j'aurais tellement voulu pouvoir lui parler une dernière fois. Jamais je n'avais éprouvé autant d'insécurité face à mes sentiments et mes projets d'avenir. Elle aurait su trouver les mots appropriés. Alors j'ai commencé à lui parler dans ma tête, lui demandant ce qu'elle dirait si je choisissais de ne pas me marier. Je ne m'étais pas rendu compte que je marmonnais jusqu'à ce que mon père se penche vers moi et me dise : « Qu'est-ce que tu as dit Amy ? »

Je sursautai. « Oh rien ». Qu'est-ce que mon père aurait pu me dire à propos du mariage ? Il vivait une histoire d'amour avec ma mère depuis quarante ans, et c'est avec fierté qu'il avait accompagné trois de mes sœurs à l'église. Malgré tous mes efforts, je n'arrivais pas à m'imaginer en jeune mariée et j'étais persuadée qu'il serait extrêmement déçu de ne pas me conduire à l'autel. En arrivant à l'église, je n'ai pas voulu sortir de la voiture et affronter la réalité — la disparition de ma grand-mère. J'essayais encore de lui parler, en espérant qu'elle puisse me répondre d'une façon ou d'une autre. Désespérée, je me suis tournée soudainement vers mon père et lui ai demandé : « Papa, serais-tu fâché si je décidais de ne pas me marier ? »

À ma grande surprise, mon père se mit à rire. Il me regarda attentivement, prit ma main et dit : « Non, bien sûr, je ne serais pas en colère si tu ne te mariais pas. J'ai été heureux dans mon mariage parce que j'ai épousé ta mère. Tout ce que je souhaite c'est que tu vives comme tu l'entends, que tu sois entourée de gens qui t'aimeront toujours, et que tu ne cesses jamais d'apprendre. »

J'étais abasourdie. C'était comme si ma grand-mère avait été présente, acquiesçant aux propos de mon père et entrant avec nous dans l'église. Ces brèves paroles me rassurèrent et me donnèrent le courage de me lever pendant les funérailles de ma grand-mère et de dire à tous combien je l'aimais ; et j'ai affirmé que j'allais suivre ma propre voie, car tel était son souhait.

Quatre mois après la remise de diplômes et sept mois après les funérailles, j'avais obtenu mon passeport, un permis de travail à l'étranger et mes bagages étaient prêts. En montant dans l'avion pour Londres, je me suis tournée vers mon père et lui ai souri en le saluant de la main. Jamais je ne l'avais vu aussi fier de moi, et d'une certaine façon, je savais que ma grand-mère était là aussi, applaudissant au rythme de mon cœur.

AMY JOHNSON

REGIE L'OURSE

J*'allais commencer ma cinquième année, et pourtant, le jour de* la rentrée à l'école Saint-Machin ne présentait aucun intérêt pour moi. Nous déménagions si souvent que je n'arrivais plus à me souvenir du nom de toutes les écoles élémentaires que j'avais fréquentées. L'histoire se répétait toujours. Ma mère, ma grand-mère et moi déménagions dans une nouvelle ville ; on trouvait un appartement et on m'inscrivait à une nouvelle école — toujours un Saint quelconque. Grand-maman ouvrait un petit commerce, l'entreprise échouait et on déménageait. Je ne fréquentais jamais la même école assez longtemps pour acheter un uniforme, et avec le temps je m'y étais habituée.

C'est pourquoi même si les étudiants autour de moi rouspétaient en entendant sœur Regis les appeler et leur demander de se mettre en rang devant elle, je demeurais indifférente à tout cela. Sœur Regis ressemblait à un vieux loup de mer. Sa cornette amidonnée semblait ramasser toute la chair en trop et la distribuer en plis autour de son visage coloré. D'épais verres jaunes grossissaient ses yeux pâles. D'une main, elle tenait une claquette et de l'autre, la liste qui scellait notre destin.

Je compris rapidement qu'en ce qui a trait au comportement des enfants de dix ans, le niveau de tolérance de sœur Regis était extrêmement bas. Sa façon de diriger la classe s'apparentait à de la tyrannie. Lorsqu'elle s'adressait à nous, elle utilisait notre nom de baptême complet. Je devins « « Kathleen Mary », un beau nom pour une religieuse », annonça-t-elle à la classe. Elle avait même rebaptisé deux étudiants qui avaient la malchance de ne pas voir leur nom figurer dans la *Vie des Saints*. Nous avions aussi changé le nom de Sœur Regis à son insu. On l'appelait Regie l'ourse.

Deux événements étranges se produisirent au mois d'octobre. Le premier : je me fis une amie. Mary Ann Caputo et moi étions assises l'une à côté de l'autre depuis le premier jour de classe ; quelque chose avait « cliqué » entre nous. Elle habitait tout près de chez moi et nous sommes rapidement devenues inséparables. Grand-maman nous appelait les « petites pestes en deux copies ». Et, pour la première fois de ma carrière à l'école élémentaire, j'étais devenue populaire. Je dois avouer malheureusement que cette popularité n'était pas due à une performance scolaire exceptionnelle ou à un charme irrésistible. Ma cote de popularité a grimpé le jour où j'ai composé une comptine sur sœur Regis :

Regie l'ourse, Regie l'ourse qui fait claquer ses doigts, et crache dans son froc.

Cette ritournelle faisait rire aux larmes mes camarades de classe qui la répétaient en jouant à la balle ou en sautant à la corde. En rang ou assises sur les bancs d'église pour la messe du premier vendredi du mois, nous la chuchotions et la comptine se répandait parmi les élèves. Partout où sœur Regis n'était pas, on fredonnait ma chanson.

Tandis que ma popularité grandissait auprès des élèves, ma valeur semblait décliner aux yeux de sœur Regis. Je ne crois pas qu'elle ait jamais entendu la comptine mais à chaque fois que je chuchotais dans la classe, que je faisais circuler des billets ou que je pouffais de rire durant les périodes de silence, elle s'en rendait compte. J'ai passé une grande partie du temps après la classe à recopier cinq cent fois « Dieu me voit » en guise de punition pour l'une ou l'autre de mes nombreuses infractions aux règlements.

Mais je crois que c'est un défaut beaucoup plus grave qui avait suscité l'animosité de la sœur à mon égard. Elle demandait régulièrement : « Qui veut devenir religieuse ? » Et je ne levais jamais la main.

« Et bien », dit-elle un jour, en m'observant à travers une mer de mains agitées, « Auriez-vous un projet plus intéressant que de servir le Seigneur, Kathleen Mary ? »

« Non ma sœur », marmonnai-je. Puis je jetai un coup d'œil en direction de Mary Ann avant de pouffer de rire.

« Vous deviendrez peut-être un clown, Kathleen Mary », grogna sœur Regis.

À partir de ce jour, je fis l'impossible pour que la prophétie de la sœur se réalise. Pour la première fois de ma vie, j'aimais l'école. J'étais enchantée de voir mes camarades de classe m'entourer dès que je mettais le pied dans la cour de l'école le matin. Je m'arrangeais pour avoir une nouvelle blague à raconter ou une énigme à partager. Faire rire les autres devint ma priorité. Mais ce que j'appréciais par-dessus tout c'était de voir grandir comme une fleur précieuse mon amitié avec Mary Ann.

Puis, une semaine après le Jour de l'An, un soir après le dîner, grand-mère nous annonça qu'elle avait quelque chose à nous dire. Le visage de ma mère affligée par une maladie mentale, restait sans expression. Je fis la grimace. Combien de fois avais-je entendu tout ça ?

« Je suis désolée, Kathy », dit grand-maman. L'édifice où se trouve le commerce a été vendu. Le nouveau propriétaire augmente le loyer, et les traites vont doubler. Je ne pourrai pas tenir le coup. »

La dernière entreprise de grand-mère était un petit café dans le secteur industriel de la ville. Je savais que les affaires n'allaient pas très bien, mais je priais chaque soir pour que grand-maman tienne le coup encore un peu, au moins jusqu'à la fin de cette année scolaire magique.

« J'ai parlé à oncle Joe à Gary », continua grand-mère. « Il connaît quelqu'un qui veut vendre un casse-croûte, à bon prix. Il y a des appartements à louer juste à côté. »

Pas de scène — nous ne faisions jamais quoique ce soit qui aurait pu bouleverser maman. Je quittai la table précipitamment, et me rendis à ma chambre pour pleurer.

La semaine suivante, mon comportement changea radicalement et même sœur Regis parut le remarquer. Je n'avais pas raconté une seule blague. Pas une seule fois je n'avais fredonné avec les autres la comptine Regie l'ourse et je n'arrivais pas à annoncer mon départ à Mary Ann.

« Es-tu fâchée contre moi ? », me souffla-t-elle le vendredi après que la cloche de la délivrance eut sonné.

Je secouai la tête.

Mary Ann rétorqua aussitôt : « Alors ne me dis rien. Je m'en fiche ! »

Sœur Regis réalisa sans doute que je ne quittais pas la classe en même temps que les autres, mais elle ne fit aucun commentaire. Les élèves silencieux sortirent en rang derrière elle ; je mis ma tête sur mon pupitre et me mis à sangloter, de gros sanglots déchirants qui m'étaient interdis à la maison. J'ignore combien de temps s'est écoulé avant que la religieuse ne revienne et que je me blottisse dans les plis de sa robe. Elle demeura silencieuse jusqu'au dernier de mes frissons. Puis elle tira des profondeurs de sa robe un mouchoir qu'elle me tendit en m'ordonnant de souffler.

Spontanément, j'ai déballé toute mon histoire ; je confiai mon vif désir de rester, ma joie d'avoir enfin une amie et je fis part à la religieuse de mes doutes : Dieu entendait-il mes prières ? Durant tout ce temps, sœur Regis écoutait, approuvait d'un signe de tête, me tapotait la main et m'essuyait les yeux. À la fin, elle me serra rapidement sur son cœur.

« Je prierai pour vous, Kathleen Mary, dit-elle. Et n'oubliez pas, la lumière qui vous habite brillera quel que soit l'endroit où vous vous trouverez. »

Ce soir-là, je ne parvins pas à faire mes devoirs. Quelle importance ? Même si j'obtenais un F, je serais partie depuis longtemps au moment où les bulletins seraient distribués. Je venais juste de décider de téléphoner à Mary Ann lorsqu'on sonna à la porte. C'est probablement elle qui vient s'excuser, pensai-je. J'ouvris et sœur Regis entra.

« Bonsoir Kathleen Mary », dit-elle. Dans un bruissement d'étoffe, elle entra dans la salle de séjour.

Je ne pouvais m'empêcher de la fixer du regard. Jamais auparavant une religieuse n'était entrée dans notre appartement. Grand-maman arriva de la cuisine en s'essuyant les mains avec une serviette. Elle avait déjà rencontré sœur Regis à une réunion de parents, mais elle semblait aussi surprise que moi de la voir là, dans notre salle de séjour.

« J'espère que je ne vous dérange pas », dit sœur Régis à grand-mère. « Je voudrais vous parler. Kathleen Mary, n'avez-vous pas des devoirs à faire ? Ce que j'ai à dire ne vous concerne pas. »

Même si les murs de notre appartement étaient minces, je n'ai pas entendu un seul mot de la conversation. Mais après son départ, grand-mère vint me trouver dans ma chambre. Elle et la religieuse s'étaient mises d'accord : je devais terminer ma cinquième année à cette école, c'était très important pour moi. Pour ce faire, grand-mère avait accepté un travail à la cuisine du couvent.

Les choses me semblèrent différentes à l'école à partir de ce soir-là. Je grognais encore avec le reste de la classe lorsque la religieuse faisait résonner sa claquette, nous regardait fixement ou imposait la punition traditionnelle des cinq cents « Dieu me voit ». Mais je ne récitais plus la comptine avec les autres ; et bientôt on ne l'entendit plus. Mary Ann et moi sommes restées amies.

Au mois de juin, maman, grand-mère et moi sommes déménagées à Gary et on m'a inscrite à une autre école Saint-Machin. Mary Ann et moi avions promis de nous écrire à chaque jour, mais nos lettres se sont faites de plus en plus rares jusqu'à disparaître complètement lorsque nous avons quitté Gary, au milieu de ma sixième année.

Deux choses m'ont soutenue au cours des années de bouleversements qui ont suivi — le souvenir de sœur Regis me serrant sur son cœur et la promesse qu'elle m'avait faite : à savoir que ma lumière brillerait partout où je me retrouverais. Et cette promesse se réalise à tous les jours.

KATHLEEN M. MULDOON

Au cœur de la tranquillité, il y a la danse.

Sue Dyer

UNE AUTRE FAÇON DE DANSER

I*l y a deux ans de cela, un jour où, entre deux engagements, je* revenais à la maison — je dansais alors à New York — mon frère me demanda si j'avais déjà souhaité secrètement me blesser afin de mettre fin à ma carrière de ballerine. Frérot était à l'école secondaire à cette époque, et les recruteurs sportifs s'intéressaient beaucoup à ses qualités athlétiques. Je ne sus que répondre ; dans la course à « l'emploi rêvé » je trouvais la pression difficile à supporter mais jamais je n'avais souhaité qu'une blessure m'élimine d'un seul coup de la longue liste des premières ballerines potentielles.

Une semaine plus tard, je courais pieds nus sur le bord de la mer lorsque soudain, un muscle de ma hanche droite se déchira. Je devais effectuer une tournée hivernale en Europe de l'ouest avec les spectacles de Casse-Noisettes et du Lac des Cygnes. Nous allions partir dans deux semaines. Dix huit années de dur labeur... et une longue attente jusqu'au jour où l'occasion de participer au Lac des Cygnes, mon ballet préféré, s'était présentée. Et maintenant, tout cela était terminé. Et, mon frère en avait eu l'intuition, d'une certaine façon j'étais soulagée.

Depuis longtemps, je ne me sentais pas à ma place dans le monde du ballet, mais je ne voulais pas quitter avant d'avoir interprété ne serait-ce qu'une fois le rôle de la reine des cygnes. La danse n'était pas responsable de ma frustration ; j'avais consacré toute ma vie à cet art. Ce dont j'avais vraiment envie, c'était de faire une pause, d'oublier tout ce que j'avais appris pour tout recommencer à zéro, mais j'ignorais comment m'y prendre. Malgré ma peur de l'inconnu, je décidai d'utiliser ma convalescence pour me renouveler.

À l'université, j'avais développé d'autres habiletés. J'adorais étudier les langues, et écrire des romans. Cette passion se développa au cours des ans alors que j'entretenais une volumineuse correspondance. Mon frère habitué à me voir écrire des lettres à des correspondants partout dans le monde me dit un jour : «Je pense que tu ferais mieux d'écrire que de danser». Il hochait la tête lorsque, en retard à une répétition, je quittais en coup de vent la table de cuisine.

Durant un mois, je dus effectuer l'aller-retour de chez moi au cabinet du physiothérapeute afin de recevoir des traitements par ultrasons; mais je mis à profit ce laps de temps pour réfléchir aux commentaires de mon frère. J'avais maintenant le temps de prendre part aux événements de la vie quotidienne que mes amis et ma famille me racontaient auparavant à mon retour du studio, tard le soir. Durant ma convalescence, je me rendais avec enthousiasme à la bibliothèque la plus proche, avec des brouillons d'histoires écrites à la main sur de grandes tablettes de papier format légal que je sortais du vieux sac dans lequel je transportais habituellement mes accessoires de danse. Avec le temps, ma douleur à la hanche s'atténua, et je songeais à revenir en studio à titre de professeure ou de chorégraphe.

Mais, je décidai plutôt d'établir une chorégraphie et de danser d'une façon toute nouvelle : par le biais de l'écriture. Je réalisais, après bien des années, que j'avais dansé sur papier aussi souvent que sur une scène.

Au moment même où mon frère se préparait à la saison de crosse qui allait lui permettre de joindre les rangs de la première division de son école, j'ouvrais les portes de mon royaume enchanté — dissimulé sous mon diadème depuis dix-huit ans — et qui attendait simplement que je le découvre.

PAOLA JUVENAL

LE BAL DES FINISSANTS

Les portes conduisant à la salle d'accouchement s'ouvrirent toutes grandes tandis qu'on poussait à l'intérieur la civière sur laquelle j'étais allongée. Puis, tout autour de moi, d'immenses lumières éblouissantes et des instruments chirurgicaux intimidants. *Je ne devrais pas être ici.* Et je poursuivis ma réflexion. *J'ai à peine quinze ans ; je devrais être à l'école aujourd'hui. Pourquoi moi ? Ce n'est pas possible !* Je souffrais atrocement, mais la peine que je causais à mes parents devait être encore plus difficile à supporter.

Je n'avais pas confié mon problème à ma mère — j'avais trop honte — et ce n'est que six mois plus tard que celle-ci s'était rendu compte que j'étais enceinte. Elle m'avait alors serrée dans ses bras et m'avait dit qu'elle m'aimait, mais je savais que je lui avais brisé le cœur et que j'avais détruit tous ses rêves concernant mon avenir.

À mon réveil dans ma chambre d'hôpital, maman était assise à mon chevet et elle berçait ma petite fille. Le visage de ma mère trahissait toutes les émotions qui l'habitaient ; il racontait aussi une histoire, avec un début et une fin, une histoire que j'ai comprise plus tard, après avoir acquis une plus grande expérience de la vie.

Étendue sur le lit, le corps et l'âme meurtris, je me sentais écrasée en prenant conscience des conséquences terribles de mes gestes, de la tâche immense et de la responsabilité qui m'incombaient à présent. Je fermai les yeux pour me retirer un peu du monde. Durant un court moment, je me revis à cheval, avec ma sœur sur notre ranch de cinq âcres, en Floride. Je pouvais entendre nos parents qui nous appelaient pour dîner. Puis je me vis, durant un cours de gymnastique, établissant mon plan de carrière en danse ; j'avais même prévu posséder mon propre studio. Les pleurs d'un bébé affamé me ramenèrent à la réalité. Le passé s'envola, avec mes rêves.

Les semaines qui suivirent l'accouchement furent très difficiles ; je ressentais un grand vide et je cherchais à le combler. Lorsque le père de ma fille m'a proposé de l'épouser, j'ai cru que le mariage serait la solution à tous mes problèmes.

Mais le conte de fée fut de courte durée. Pendant que j'étais à la maison jour et nuit avec mon bébé qui souffrait de colique et qui pleurait, je découvris que mon mari avait une aventure avec ma meilleure amie. Mes autres amies étaient occupées, avec leurs répétitions de danse et leurs parties de foot. Toute ma vie se résumait à laver des couches, préparer des biberons et me rendre chez le docteur. Assumant du mieux que je pouvais ce que la vie m'offrait, je me surprenais souvent à rêver tout éveillée. Je me demandais à quoi ressemblait le campus d'un *high school.* Je songeais aux thèmes utilisés pour décorer la salle en prévision du bal des finissants, et j'imaginais mon petit ami qui venait me chercher en voiture. Jamais je n'irais à un bal des finissants comme les autres étudiantes.

Trois mois après avoir atteint l'âge de dix-sept ans, je mis au monde un deuxième enfant — un garçon. Peu de temps après, mon ex-grande amie donna naissance à l'enfant de mon mari.

Je savais que je ne pourrais subvenir à mes besoins et à ceux de mes enfants avec une huitième année. Mon père et ma belle-mère qui vivaient en Floride offrirent de me donner un coup de pouce — mais pas la charité. Pendant près d'un an, mon fils, ma fille et moi avons vécu avec eux. Je m'occupais des enfants, du ménage, de la maison et je préparais le dîner pour mes parents qui revenaient de leur harassante journée de travail. Mon père m'inscrivit à l'école du soir et s'occupa des enfants durant mes cours, de sorte que je pus obtenir un diplôme d'études générales.

L'État de la Floride m'offrit de suivre un programme spécial de formation plutôt que de m'inscrire à l'aide sociale. Je choisis le cours d'infirmière. Très souvent, j'ai pensé que je n'y arriverais pas. En travaillant fort, je pouvais mémoriser les termes techniques, mais pour les mathématiques, il fallait comprendre. Les quatre années de cours de maths à l'école secondaire me faisaient cruellement défaut. Je dus reprendre plusieurs cours afin de pouvoir suivre le groupe. Parfois mes enfants étaient malades ; la voiture brisait souvent sur une section d'autoroute déserte, le soir, quand je revenais de l'école. En instance de divorce, je me retrouvais épuisée, sur le plan émotif et physique.

Puis, par une magnifique journée au début du mois de juin, ma famille et mes amis se rassemblèrent à la petite chapelle de St. Augustine, en Floride, pour assister à la remise des diplômes de l'école des infirmières. En descendant l'allée, au début de la cérémonie, j'ai bien vu que mes proches avaient les larmes aux yeux. Larmes de fierté, de joie et je pus même lire dans leurs yeux un certain soulagement. Ils connaissaient le dur chemin que j'avais parcouru pour y arriver.

Ma famille continua de célébrer à *Daytona Beach* durant toute la semaine, mais je ne pus les retrouver qu'au week-end suivant. Le lundi matin, je devais me présenter au travail, dans un centre de soins infirmiers situé dans ma ville natale.

Des années plus tard, assise devant mon café du matin, je peux constater que j'ai « bouclé la boucle » : j'ai fait un choix et j'en ai payé le prix. Et je peux affirmer que le temps guérit *vraiment* toutes les blessures. Bientôt, je surveillerai ma petite fille lorsqu'elle ira danser à l'école secondaire et j'aiderai à décorer la salle pour son bal des finissants.

PAM THOMPSON

PEINDRE LES ARBRES

Silencieuse et horrifiée comme si je venais d'être témoin d'un effroyable accident de voiture, je sortis furtivement de la classe avec les autres étudiants. En fait, la situation me semblait pire encore. Je venais de passer un examen de calcul. Un désastre.

J'étais d'une humeur morose et Cindy, mon amie, s'en aperçut.

« Et bien, comment c'était ? », demanda-t-elle avec hésitation, pendant que nous descendions les marches de l'édifice.

« Horrible ! Horrible ! Je ne sais même pas sur quoi portait l'examen ! J'avais l'impression que les questions n'avaient aucun rapport. J'avais pourtant étudié, mais c'était comme si j'avais étudié le latin. »

Cindy sympathisa avec moi mais j'étais trop bouleversée et découragée pour continuer d'en parler. J'obtenais encore de bons résultats scolaires mais je détestais maintenant le sujet que j'avais aimé autrefois et ma frustration grandissait. Et d'ailleurs, qu'est-ce que je faisais là, en mathématique ? L'université avait exigé que je choisisse une majeure — ce que j'avais fait, et les mathématiques m'avaient semblé une bonne idée à l'époque — mais est-ce que je savais vraiment ce que je voulais faire à ce moment-là ? Je commençais à peine à m'habituer à l'université, et j'étais loin d'être prête à embrasser une carrière.

Quand Cindy et moi avons émergé de l'édifice qui exhalait des odeurs de vieux manuels scolaires et de calculatrices, le monde s'ouvrit à nous. C'était une journée splendide, le genre de journée brillante et colorée qui amène les préposés aux relations publiques de l'université à sortir pour prendre le plus de photos promotionnelles possibles avant que la véritable température de Syracuse, New York, ne s'installe à nouveau.

Nous traversions le campus universitaire tout en écoutant chanter la brise parfumée dans le vert feuillage. Les étudiants se rendaient sans hâte à leurs cours, jouaient au Frisbee ou restaient assis à se chauffer au soleil. Puis je remarquai un petit groupe de personnes munies de grandes toiles blanches, de pinceaux et de tubes de couleur avec des noms comme : rouge alizarine, jaune cadmium et bleu cobalt. Ils étaient « en classe », essayant de reproduire sur la toile la beauté du dehors. J'eus une révélation soudaine — comme si j'avais reçu une gifle ou fait un plat dans une piscine.

« Je veux peindre des arbres ! », criai-je tout à coup. Cindy sursauta.

« Quoi ? » Elle semblait à la fois perplexe et un peu effrayée.

« Je veux peindre des arbres ! », répétai-je d'une voix forte et enthousiaste dans laquelle perçait ma révolte. « Regarde ces étudiants ! Pendant que moi, je me tape un horrible examen de calcul, *ils peignent des arbres* ! Et pourquoi je ne pourrais pas peindre des arbres moi aussi ? Les mathématiques, ce n'est pas pour moi. Voilà. C'est tout. Je vais changer de majeure. »

Peu de temps après avoir pris cette décision, je me rendis au service d'orientation ; je me suis retrouvée assise devant un ordinateur qui devait me révéler ma destinée. Il fallait entrer ses intérêts et ses aptitudes et il vous recrachait les professions possibles. Malheureusement, pour ce qui était de peindre des arbres, je n'avais pas le talent requis. Je savais que je n'arriverais jamais à vivre de mon art. Mais je devais changer de trajectoire, et rapidement !

Après avoir établi avec le plus de précision possible ce que je voulais et ce que je ne voulais pas faire, je confiai le tout à l'ordinateur qui me fournit une toute petite liste de carrières accessibles. Une seule m'attirait : éditrice. OK, je me voyais très bien en éditrice. J'ai donc signé les formulaires pour changer de majeure et de collège et me suis retrouvée à l'école des communications. Ma nouvelle majeure était : « journalisme/section magazines ».

L'étude de l'écriture m'enthousiasma beaucoup plus que celle du calcul. J'avais trouvé un merveilleux mentor, j'obtenais d'excellents résultats et je devins éventuellement « déléguée » pour l'école des communications. En compagnie de très bons amis, j'allais bientôt recevoir mon diplôme avec la mention « grande distinction ». J'avais fait le bon choix — mais il me restait une chose à faire avant de quitter l'université.

Au dernier semestre, je choisis un cours de peinture et de dessin destiné aux étudiants dont ce n'était pas le principal sujet d'études. J'allais avoir l'occasion de peindre des arbres ! J'étais déjà très heureuse et satisfaite mais ce cours me procura un regain d'énergie. Très excitée, je déambulais dans les allées du magasin de matériaux artistiques, choisissant des tubes de brillantes couleurs, des pinceaux souples en poil de martre et du papier à dessin couleur ivoire offrant de multiples possibilités. J'étais prête à créer un chef-d'œuvre. Euh, du moins, j'avais tout le matériel pour le faire.

Bien sûr, les néophytes qui jouent dans les flaques de peinture épaisse ne créent pas des chefs-d'œuvre à tout coup. Ce n'est pas aussi simple que cela. En fait, plusieurs travaux m'ont donné du fil à retordre. Mes dessins n'étaient jamais assez bien, et un exercice sur la perspective me donna tellement de travail — j'ai dû recommencer mon projet plusieurs fois — que je commençais à loucher. Je découvris que la création artistique était beaucoup plus difficile qu'elle n'y paraissait à prime abord. Je ne croyais pas avoir autant de talent que les autres étudiants de la classe mais d'une certaine façon, cela n'avait aucune importance.

Un après-midi, installée dans notre atelier, au troisième étage d'un édifice, je traçais des lignes de couleur sur une toile quand les rayons du soleil entrèrent à flots par les immenses panneaux de verre de la rotonde dominant le campus. J'observais le frémissement des feuilles dans les arbres et j'étudiais le ciel parfaitement bleu. Une journée qui ressemblait beaucoup à celle qui m'avait donné l'impulsion nécessaire pour changer le cours de ma vie. Je souris, consciente de ma chance : la température était superbe, j'allais bientôt recevoir mon diplôme, et enfin, je suivais un cours en art visuel.

La remise de diplômes se déroula comme prévu. Bien que je ne sois jamais devenue une artiste, je suis certaine d'une chose : durant les derniers jours que j'ai passés à l'université, j'ai peint un chêne qui, pour moi, est très important — il ne s'agit pas d'une simple transposition de la nature exécutée par une amateur. Il me rappelle constamment que je peux saisir la vie et la faire mienne — aussi réelle que les coups de pinceau sur ma feuille.

Alaina Smith

Le secret pour tromper la mort
est d'apprendre à vivre vraiment.
CECILIA MAIDA

À LA RECHERCHE DES SIRÈNES

Dans l'air vif du soir, quand le ciel est si clair et les étoiles si proches que vous avez l'impression que vous pourriez les toucher, je ne peux m'empêcher de penser à Annabelle Wilson. C'était en 1970, à l'école secondaire. Telle une enfant égarée, presque éthérée, Annabelle semblait flotter durant le cours de création littéraire. Pour nous, ses élèves de neuvième année, elle semblait presque magique, avec sa grande robe ample et ses cheveux noués en chignon. Nous savions qu'elle avait passé son bac mais elle paraissait plus jeune que nous — ses grands yeux laissaient voir sa candeur, elle s'abandonnait à la vie.

« Écrivez ce que vous ressentez, ce qu'il y a dans votre cœur », nous répétait-elle. « N'ayez jamais peur de viser les étoiles. Touchez-les pour ceux et celles qui ne peuvent le faire. »

Sa mère, qui était dans la quarantaine avancée à sa naissance, l'avait prénommée Annabelle en l'honneur de ses deux grands-mères — lesquelles étaient décédées bien avant son apparition en ce monde. Son père était mort avant qu'elle n'atteigne l'âge de deux ans. Ma mère disait que les bébés de la ménopause étaient extraordinaires. Attendant le moment de naître, ils restaient longtemps auprès de Dieu et ils emportaient un petit morceau de paradis avec eux quand ils venaient sur terre. Je n'avais jamais prêté beaucoup d'attention aux légendes de ma mère, mais, en ce qui concerne Annabelle, je sentais qu'il y avait un peu cela. Je la revois, debout devant une fenêtre ouverte, offrant son visage aux rayons du soleil. Elle semblait presque translucide — à mi-chemin entre ce monde-ci et l'autre monde.

Annabelle demeura avec nous toute l'année, peignant des tableaux avec les mots. Elle avait une façon mystérieuse de réveiller la créativité des candidats les plus inattendus : Karl Jurgenson travaille encore à la station service de son grand-père ; il écrit des poèmes à temps perdu. À la fin de ses études secondaires, Lisa Anne Puleo s'est mariée et a mis au monde cinq enfants en l'espace de six ans — elle affirme que le fait d'écrire des nouvelles lui a permis de conserver sa santé mentale ; Richard Bodekowski, s'est enrôlé dans la marine des États-Unis à l'âge de dix-huit ans ; il continue de tenir son journal où « il écrit ce qu'il ressent et touche les étoiles à chaque jour. » Et toutes ces personnes reconnaissent l'influence d'Annabelle dans l'épanouissement de leur créativité.

Quand Annabelle nous quitta en juin, nous étions convaincus qu'elle allait écrire le grand roman américain légendaire, une pièce en cinq actes qui lui vaudrait un *Tony Award*, ou un petit recueil d'exquises poésies. Tout au moins, elle continuerait d'inspirer les autres en enseignant la création littéraire — tournoyant dans la pièce avec délice tandis qu'un étudiant lirait à haute voix les premières lignes de son œuvre.

Mais Annabelle n'allait écrire ni livre, ni pièce de théâtre, ni poésie ; et elle ne donnerait pas longtemps ce cours d'écriture non plus. Cet été-là, sa mère atteinte de la maladie d'Alzheimer vit son état se dégrader et réclamer des soins constants. Annabelle devait trouver de l'argent très rapidement.

Mettant de côté ses rêves de création, elle accepta un emploi dans une importante agence de publicité. Je n'arrive pas à l'imaginer dans les couloirs de cette entreprise logée dans un gratte-ciel de verre au centre-ville. Je la vois mal en train de développer des prospectus criards, de corriger des textes écrits dans un jargon financier, et de promouvoir des produits superficiels. Chaque fois que je passais devant cette tour à bureaux, j'avais l'impression de voir une cage d'acier emprisonnant un bel oiseau sauvage.

Ironie du sort, dix ans plus tard, je décrochais un nouvel emploi dans le même édifice. Au cours de ma première semaine de travail, je voulus rendre visite à Annabelle. Je ne l'avais pas revue depuis la neuvième année. Mais, je devais d'abord m'adapter à ma nouvelle situation et je décidai de reporter ma visite. Au cours du week-end, en lisant le journal du matin, je tombai sur la chronique nécrologique. La mère d'Annabelle était décédée. Le lundi, au lieu de me rendre à mon travail, je me dirigeai vers le bureau d'Annabelle. Je voulais lui offrir mes condoléances. Je désirais la voir.

L'ascenseur m'emmena au seizième étage, je passai les portes de verre et je vis son espace de travail. Plusieurs de ses collègues s'étaient rassemblés tout près de son bureau, et ils secouaient la tête. « Nous n'arrivons pas à y croire. Elle a quitté son emploi. Pourquoi démissionner maintenant ? Elle savait qu'elle allait recevoir une promotion cette semaine. »

J'eus un mouvement de recul en voyant le pitoyable cagibi gris où Annabelle avait été enfermée durant les dix dernières années. Un endroit repoussant, froid et terne, à peine assez grand pour contenir un bureau de métal et une chaise droite. Pas de fenêtre, pas de soleil, et ces soi-disants collègues qui avaient côtoyé Annabelle pendant dix ans ne comprenaient pas ce qui se passait ? Alors qu'ils continuaient à s'interroger sur la raison de son départ, moi je me demandais comment elle avait fait pour rester aussi longtemps dans un tel endroit. J'étais bouleversée et je m'interrogeais : comment cette épreuve l'avait-elle affectée ? Est-ce que ce long séjour dans cette quasi-prison avait altéré son esprit ? Je me souvins de son air ravi, tandis qu'elle virevoltait au milieu de notre classe de neuvième année, et mes yeux se remplirent de larmes.

Je fixai le plafond en clignant des yeux pour chasser mes larmes. Et c'est là que je les vis : cinq petites étoiles dorées minuscules, collées au plafond de son cagibi. Je souris en les apercevant et, je sus à l'instant même qu'Annabelle allait bien.

« Où est Annabelle ? », répondis-je d'une voix qui me parut étrangère. « Elle est partie chercher les sirènes, monter des chevaux ailés et toucher les étoiles. » Je suis certaine que ses anciens collègues de travail ont cru que j'étais folle, mais je sais que tous les étudiants qui étaient dans cette classe de neuvième, en 1970, m'auraient approuvée.

BARBARA DAVEY

PAPILLONS ET ÉLÉPHANTS

S*ept cents visages étaient tournés vers moi. Certaines personnes* riaient bêtement, d'autres demeuraient silencieuses et attentives. Vêtue d'un authentique costume suisse bordé de dentelles, je me tenais sur la scène. Nous étions six étudiantes en classe terminale à avoir été élues « princesse », pour représenter notre école secondaire lors d'un grand festival municipal. Lors de la sélection, on m'avait prévenue : j'allais devoir prononcer un petit discours devant l'assemblée générale des étudiants ; très excitée, j'avais décidé de relever le défi et de vaincre ma peur de parler en public !

Sur l'estrade, j'avais l'air « bien dans ma peau » et l'auditoire ne se doutait pas que mon cœur battait la chamade. Puis je songeai que je me trompais et que forcément, les gens devaient entendre les battements de mon cœur. *Mon Dieu, qu'est-ce que je fais ici ?*

Je n'avais plus de papillons dans l'estomac. Non, maintenant c'était des éléphants ! Le troupeau tonitruant menaçait de me piétiner et de me mettre sens dessus dessous. J'étais si nerveuse que j'en avais le vertige.

J'avançai vers le microphone, consciente de toutes ces têtes qui oscillaient légèrement comme une vague devant moi, et je commençai. D'une voix tremblante, je débitai quelques phrases en rafale. Au fur et à mesure que s'installait le silence dans la salle, ma confiance revenait peu à peu . Mes muscles se détendirent et ma respiration s'apaisa. Les semaines de pratique devant le miroir de ma chambre n'avaient pas été inutiles. *Je vais peut-être y arriver*, pensai-je.

Mais cette petite récréation fut de courte durée. La catastrophe se produisit aussi rapidement qu'une pluie torrentielle sur les Bahamas ! Je me suis d'abord rendu compte que le son amplifié de ma voix était devenu distant. Comme un écho en retard.

Trente secondes après le début de mon petit discours — qui devait durer trois minutes — le microphone rendit l'âme. Jetant un regard mauvais à l'instrument de ma perte, je me demandai s'il était possible d'étrangler un objet inanimé !

Comment osait-il me faire un pareil coup ?

Horrifiée et humiliée, je cherchais malgré tout la réaction appropriée. Devais-je quitter la scène en courant, en proie au plus noir désespoir, ou attendre qu'on répare le micro ? Le temps semblait s'être arrêté, cristallisant un moment privilégié — quand le mot « détermination » prend soudainement tout son sens.

J'éliminai alors les solutions faciles qui s'étaient présentées à mon esprit. Je ne pourrais remporter la victoire si je n'affrontais pas cette difficulté qui venait de surgir.

Je fermai les yeux afin de me recueillir un instant et arrêter le tremblement de mes jambes — heureusement recouvertes d'une longue robe. Puis, j'expulsai de mes poumons l'anxiété extrême qui s'y était logée. J'avais une idée en tête, et pour la réaliser, je devais « faire de la place ».

Une profonde inspiration, une pause... et je continuai. Devant moi, l'assistance médusée se concentrait sur chacune de mes paroles, comme si j'étais un oiseau qui chantait pour la première fois. Consciente d'avoir pris la bonne décision, je sentis le sang remonter dans mes joues blêmes, en même temps que le calme et l'assurance dont j'avais besoin revenaient peu à peu. Et puis j'entendis ma voix se réverbérer sur je ne sais quel matériau à côté de moi, cette fois sans aide de l'électronique. Elle se rendait jusqu'aux balcons supérieurs et les gens ne secouaient plus la tête mais écoutaient attentivement, peut-être estomaqués par ma ténacité.

Mon soliloque prit fin. Cet épisode resterait toujours un sujet de fierté pour moi, peu importe la réaction des gens. Puis des cris d'encouragement montèrent de la foule et se transformèrent en ovation. Je regardais, encore abasourdie, les étudiants se lever tandis que la salle vibrait sous les applaudissements.

J'ai salué les gens en toute simplicité mais mon cœur était près d'éclater tellement j'étais fière. J'avais surmonté ma peur la plus grande — malgré un obstacle imprévu. J'avais affronté les papillons et même les éléphants de mon anxiété. Maintenant, en regardant l'auditoire, je me disais que cette ovation qui faisait trembler la terre comme un troupeau d'éléphants, résonnait d'une façon toute nouvelle à mes oreilles!

Puis, comme un cadeau du ciel, une idée traversa mon esprit. Je compris en un éclair *que tout était possible désormais! Je pouvais faire ce que je voulais!* Je fis la révérence en tenant les pans de ma robe blanche; jamais je n'oublierai le sentiment de joie qui m'envahit lorsque j'ai pris conscience que j'avais passé l'épreuve. J'avais surmonté ma peur.

LISA ROBERTSON

VI
REDOUBLER DE VIGILANCE

Faites que je reste à l'écoute de mon âme, quoi qu'il arrive.

Susie Troccolo

SE REMETTRE EN SELLE

Tôt le printemps alors que je venais d'avoir neuf ans, j'obtins une promotion : j'allais quitter mon poney et monter mon premier cheval. Depuis des mois, je priais pour que ce miracle se produise ; le soir, au coucher, je humais l'odeur du savon doux pour la selle, du cuir huilé et de la sueur du poney qui avaient imprégné la paume de mes mains. Quand j'entendis le bruit de ferraille de la remorque qui descendait tout au long de l'allée menant à notre maison, incapable de rester en place, je courus vers le vendeur qui faisait descendre ma nouvelle compagne.

Je fus très étonnée en la voyant. Je m'attendais à voir sa fine crinière et sa queue flotter au vent ; mais la crinière de Babe était coupée court « en brosse », depuis les oreilles jusqu'au garrot et les poils de sa queue étaient coupés jusque sous l'os. Son pelage était d'un blanc terne et son cou ainsi que ses flancs étaient massifs. Un cheval costaud. Or le cheval de mes rêves n'était pas costaud : il était racé, il avançait en longues foulées magiques et fluides ; son dos était confortable, au trot et au petit galop. Babe n'était pas du tout le cheval de mes rêves.

Après le départ du vendeur, je fis ma première excursion avec elle. Comme la selle de mon poney était trop petite, je montai directement sur son dos. Les foulées de Babe étaient un peu saccadées, mais son dos était doux et confortable. Nous avons emprunté une longue route recouverte de gravier menant à une colline puis nous nous sommes arrêtées, à mi-chemin entre la maison et le pied de cette colline. J'avais prévu me rendre là où les bosquets de mûres s'épaississent pour revenir ensuite sur mes pas, mais Babe était si docile que je décidai de grimper jusqu'au sommet. En haut, je la fis tourner mais tout à coup elle partit au grand galop et dévala la colline !

Je vais mourir. Cette jument est folle !

J'essayai d'attraper la crinière pour me retenir mais ma main ne rencontra que ses poils coupés en brosse ; alors j'ai passé mes bras autour de son cou épais et me suis accrochée tandis que nous descendions à toute allure. Nous sommes parvenus au pied de la colline et juste comme je pensais être en sécurité, j'ai glissé sous elle. Un poids de 500 kilos passa sur ma main gauche. Je me suis roulée en boule et j'ai sangloté.

Une demi-heure plus tard, après bien des larmes — et après avoir mis beaucoup de glaçons — ma douleur s'est atténuée et mes parents purent constater que les os de ma main n'étaient pas brisés ; puis ma mère me dit : « maintenant tu dois remonter sur elle. » Elle avait adopté un ton neutre, comme si elle me disait d'aller me laver pour le dîner ou de nettoyer ma chambre.

Maintenant c'est maman qui est folle, pensai-je. *Comment peut-elle me demander d'y retourner ?* Et c'est pourtant ce qu'elle venait de faire. « Ainsi, tu pourras vaincre tes peurs et la crainte de tomber à nouveau », dit-elle. Un peu plus tard, je montai sur la jument, parce que c'était la seule chose à faire. Je priais Dieu de prendre soin de moi tandis que je grimpais sur la jument en tremblant.

Cet été-là, la crinière et la queue de Babe repoussèrent et nous avons galopé ensemble dans le voisinage ; un bandana sur le visage et un chapeau de cowboy sur la tête, je jouais à poursuivre des Indiens imaginaires.

À l'automne, quand les jours commencèrent à raccourcir, nous avons déambulé dans une forêt d'érables et de chênes au feuillage rouge et or.

Nous longions une rivière, apaisées et légèrement hypnotisées par le doux murmure de l'eau. On était presque au crépuscule lorsque nous sommes arrivées à une intersection. Je réalisai que nous nous étions égarées. Entourant de mes bras le cou de Babe, je lui soufflai à l'oreille « Tu choisis », puis je l'incitai à avancer avec mes talons. Comme prévu, elle nous ramena d'instinct à la maison.

Les oreilles de Babe étaient toujours aux aguets. Elle adorait explorer les environs et insistait pour être en avant à chaque fois que d'autres cavaliers se joignaient à nous. Toutes les deux, nous recherchions les parcours droits et sans obstacle pour galoper à toute vitesse. Le cou étiré, elle filait à vive allure ; grisée, je voyais défiler les nuages ; le ciel, la terre et les arbres devenaient flous, et je remerciais Babe de donner le meilleur d'elle-même. Dans ces instants de grâce, plus rien n'existait hormis mon cheval et moi lancés dans une course effrénée et gracieuse.

En hiver, je couvrais Babe d'une couverture pour la protéger du froid et garder propre son pelage blanc. Au souper de Noël, je lui apportais une salade de pommes, de carottes et de sucre.

L'été, certaines heures étaient consacrées à la préparation des spectacles des foires équestres mais Babe ne s'en souciait pas. Elle était toujours prête pour son prochain tour de piste et acceptait de bonne grâce les brossages sans fin de sa crinière et de sa queue qui maintenant flottaient au vent.

À la fête foraine du comté, durant notre dernière année ensemble avant sa mort, elle dressait fièrement la tête, la crinière flottante et la queue en panache, consciente d'être une championne ; et nous avons gagné le Grand Championnat du concours équestre *Stockseat*. Nous n'avons pas toujours été des championnes. Il nous a fallu du temps pour grandir ensemble, découvrir nos rythmes respectifs et les fondre en un tout harmonieux. Alors que nous faisions le tour de piste des vainqueurs, une idée traversa subitement mon esprit. Babe et moi avions grandi ensemble pendant six ans. Et si j'avais refusé de remonter sur son dos des années auparavant, j'aurais passé à côté de tout ce plaisir et de toute cette gloire — et je n'aurais jamais su qu'elle était bien la jument de mes rêves.

KRISSA ENGLEBRIGHT

Dès que je me suis confiée à Dieu, chaque chose a trouvé sa juste place.

CHRISTINA APPLEGATE

DEMANDEZ ET VOUS RECEVREZ

À *la fin des années 80, une série de viols brutaux eut lieu sur* le campus de l'université que je fréquentais. Un suspect avait été identifié mais il n'avait pas encore été capturé. Des portraits-robots furent affichés dans chaque édifice, et l'administration promulgua un strict couvre-feu afin de prévenir d'autres agressions. Un soir, une jeune femme de ma connaissance quitta, seule, la bibliothèque et vit le visage sur l'affiche avec l'avertissement au-dessus : « Si vous reconnaissez cet homme, communiquez immédiatement avec la police du campus. »

Elle sortit dans l'air frais du soir. Il n'y avait personne. Le parc et les allées étaient déserts, l'atmosphère d'épouvante qui régnait ayant poussé les étudiantes à se cantonner dans leurs chambres. Ce n'était pas une poule mouillée mais néanmoins, elle descendit en courant les marches de pierre de la bibliothèque. Elle pouvait traverser le parc et être chez elle en moins de cinq minutes. Que pouvait-il arriver en moins de cinq minutes ? se dit-elle.

Elle sentit qu'il était là avant même de le voir, tapi derrière un gros chêne, au milieu du parc. Il avança promptement sur le chemin pavé et réduisit rapidement la distance qui les séparait. Sans arme, sans préparation et complètement isolée, elle fit la seule chose qu'elle savait faire lorsque la peur la gagnait.

« Mon Dieu », pria-t-elle silencieusement en accélérant le pas, « protégez-moi. S'il vous plaît mon Dieu, aidez-moi. »

Consciente de la présence de l'homme à moins de cinq mètres derrière elle, elle marcha et pria sans s'arrêter. Elle arriva enfin à la résidence où elle habitait, grimpa les marches et se retrouva en sécurité.

Grâce aux indications qu'elle put fournir, les policiers localisèrent rapidement le suspect ; le soir même, les forces de l'ordre demandèrent à la jeune femme de les accompagner afin d'identifier l'homme au poste de police. Comme elle s'apprêtait à repartir, elle l'aperçut, assis, menottes aux poignets, tandis qu'on le questionnait. Sans réfléchir, piquée par la curiosité, elle s'approcha.

« Vous ne m'avez pas fait de mal », dit-elle. « Pourquoi ? »

« Comment aurais-je pu ? », répondit l'homme sur un ton sarcastique. « Il aurait fallu que je sois fou pour m'approcher de vous alors qu'un gros homme venait de traverser le chemin et vous accompagnait jusque chez vous. »

Ellen Urbani Hiltebrand

C'EST MA MÈRE APRÈS TOUT

Je feuillette l'album-photos retrouvé au grenier
Ces souvenirs d'une mère et de sa fille,
Durant toutes ces années où nous avons grandi ensemble.
Je les retrouve dans la robe en jean
Que tu m'as confectionnée quand j'avais cinq ans.
Elle allait très bien avec la tienne,
Et je la portais avec une grande fierté.

Je goûte encore à l'amour que tu as mis
Dans tous les plats et les gâteaux,
M'enseignant à cuisiner —
Une partie de joie pour une de patience —
Je n'avais que sept ans
Et je souhaitais en avoir huit.

Je le sens encore au plus profond de moi,
Lorsque tu m'emmenais aux parties de balle molle — ou de ballet?
Quelle que soit l'activité,
Non seulement je me sentais correcte,
Mais j'excellais,
grâce à toi!

Je peux l'entendre, venu trop vite, à l'âge de treize ans,
Le bruit de ma petite personne —

Trop cool pour t'aimer, trop indépendante pour être toi,
Trop occupée pour les sempiternelles corvées et les courses à faire.
J'étais si occupée à m'épanouir
Que j'en venais à douter de ta propre existence.

Je m'en souviens comme si c'était hier,
À seize ans, la seule chose qui comptait c'était ma liberté.
Je refusais les limites que tu m'imposais,
Avec l'énergie de la rebelle que j'étais devenue.
« Jamais je ne serai comme toi »,
Je parlais hardiment pour que tu comprennes,
Mais tu me répondais doucement, avec le sourire de l'expérience,
« C'est inévitable, ma fille » —
mais je feignais de ne pas écouter.

Je m'en souviens trop bien,
J'avais dix-sept ans, trop jeune
Pour avoir le cœur brisé, tu tenais ma main
Tu m'avais dit : « Souviens-toi de tous les bons moments,
Et laisse aller tout le reste. L'amour en vaut la peine
Et je sais qu'un jour, il reviendra. »

Je sens encore le mouvement de la voiture,
Qui s'éloignait rapidement de la maison.
Le collège était bien loin,
Mais plus le temps passait et plus je me rapprochais de toi
En faisant — comme toi — une liste des choses à faire
Puis en agissant avec enthousiasme
Au lieu de m'avouer vaincue et de renoncer.

Maintenant, quand je fais le tour de ma maison
au lieu de me fâcher, je pouffe de rire.
Des garde-robes jusqu'au moindre crochet,
Des tas de chaussures aux dossiers bien rangés —

C'est bien ma maison,
Mais, maman, elle ressemble tellement à la tienne !

Je peux le voir si clairement, dans le miroir,
Même nos cheveux se ressemblent maintenant.
Mais par-dessus tout,
C'est celle que je suis devenue aujourd'hui
qui te ressemble le plus.
Je ressens au plus profond de moi,
un élan d'amour, ta compassion m'inspire
et cela me donne une fierté tranquille.

Et je comprends maintenant ton dévouement, maman,
Ta façon d'aller jusqu'au bout.
Après toutes ces années, tu es plus qu'un modèle,
Tu es mon inspiration... et mon amie.

Aussi, quand je m'aperçois que j'agis comme toi,
Je relève fièrement la tête.
Avec un sourire paisible je réalise
Que tout compte fait, je suis devenue ma mère.

MARGUERITE MURER

CONTE DES PRAIRIES

Enfant unique, j'ai grandi sur une ferme au sol ingrat et aride dans le Dakota du Sud. Une situation qui offrait bien peu de stimulation au point de vue culturel et très peu de luxe, mais qui favorisait certainement l'imagination. Très tôt, mon père m'a aidé à faire la distinction entre aller à l'école et apprendre. Il aimait à répéter qu' « un fou peut avoir un diplôme sans avoir de bon sens. »

Mon père était un homme timide, un intellectuel curieux de tout, et un homme de principes. Il m'initiait à la poésie, aux abstractions géométriques et à la philosophie. Il enseignait à partir de son expérience et en donnant l'exemple.

Dès ma première année scolaire, il me demandait à tous les matins : « Nancer, vas-tu à l'école ce matin ? » À tous les jours je pouvais choisir d'apprendre à l'école ou à la maison. Par contre, je devais apprendre, et pour ça, je n'avais pas le choix ! (Des années plus tard, j'ai découvert qu'à chaque année, papa discutait avec mon professeur et arrivait à conclure l'entente suivante : aussi longtemps que mes résultats scolaires seraient excellents, on ne m'obligerait pas à justifier mes absences.

Le lundi, je répondais presque toujours : « Oui, j'arrive tout de suite », car ce jour-là, on nous donnait les devoirs de la semaine exigés par le programme de comté. Le mardi, si je n'avais pas terminé mes devoirs, je retournais à l'école. Mais si je m'y rendais le mercredi ou le jeudi, je me retrouvais la plupart du temps assise à mon pupitre sur un banc inconfortable à lire toute la journée les livres de *Nancy Drew*. J'attendais avec impatience le vendredi car nous avions une période d'arts visuels.

Inutile de préciser que, durant toutes mes études élémentaires, je ne me souviens pas avoir passé une seule semaine complète à l'école. Par contre, je faisais des randonnées dans les champs avec mon père (sa version de l'apprentissage à la maison). Nous longions des ruisseaux, identifiant les feuilles, les arbres et les pistes des bêtes sauvages. Il me montrait les indices de la migration des animaux et les caractéristiques particulières des plantes vénéneuses.

Après avoir fréquenté durant huit ans une petite école de campagne qui ne comptait que six élèves — une école d'une seule pièce au plancher recouvert de sciure de bois et sans eau courante — j'ai été admise à l'école secondaire située à une bonne distance de chez moi. Et, à tous les matins, toujours la même question : « Nancer, veux-tu aller à l'école ? » J'ai découvert que l'école secondaire était beaucoup plus amusante ; les occasions de socialiser y étaient plus nombreuses et plus enrichissantes. Et comme toutes les adolescentes, je voulais être avec mes amies. C'est pourquoi je choisissais souvent de me rendre à l'école plutôt qu'au ruisseau.

Après le premier semestre, Miss Dykstra, la directrice de l'école, me fit venir à son bureau. J'étais très émue car je l'admirais beaucoup. À chaque matin, en adoptant le regard sévère typique d'une directrice, elle amenait l'assemblée entière à faire silence — un silence absolu. Puis elle prenait les présences des 104 étudiants et étudiantes inscrits et procédait ensuite à l'annonce des événements spéciaux de la journée. Je voulais lui ressembler un jour, développer la confiance en soi, le sens des responsabilités et inspirer le respect.

Après avoir traversé le vestibule, je montai les cinq marches conduisant au bureau de Miss Dykstra. L'idée d'avoir un entretien privé avec elle me remplissait d'excitation. J'essayais de deviner ce qu'elle voulait me dire : « Tes travaux en classe sont excellents. » Ou peut-être : « Tu as accompli une performance remarquable sur le terrain de jeu de l'école. » J'avais peut-être gagné quelque chose.

La porte de son bureau était ouverte. Je restai dans l'entrée jusqu'à ce qu'elle remarque ma présence et m'invite à m'asseoir. Miss Dykstra était grande et mince. Elle portait des costumes sobres et des chaussures confortables. Les traits de son visage étaient fins, ses cheveux coupés courts, et elle possédait cette beauté délicate et naturelle des femmes de la campagne.

Je me suis assise devant son bureau, elle se pencha vers moi et dit : « Nancy, je t'ai fait venir pour que nous discutions de ta feuille de présence. » *Oh, c'est pour ça qu'elle m'a fait venir,* pensai-je. Mon visage rayonnait de fierté. Elle avait remarqué ! Puis elle continua. « Tu as manqué vingt-deux jours de classe jusqu'ici cette année. »

Je fis rapidement le calcul : cela représentait seulement une journée par semaine et je répondis : « Oui, Miss Dykstra, j'aime *vraiment* l'école secondaire ! Et c'est pourquoi j'y viens si souvent ! » Un large sourire s'épanouit sur son visage. Elle avait été à l'école avec mon père. Elle connaissait sa philosophie : protéger et nourrir le désir d'apprendre. Mais il fallait discuter de mes absences.

Se retenant de rire avec peine, elle me donna congé en me disant : « Je suis contente que tu aimes l'école et j'espère que tu te souviendras que l'apprentissage dure toute la vie. » Je descendis les marches et me dirigeai vers la salle d'étude.

J'obtins mon diplôme mais je ne pouvais poursuivre mes études au collège : c'était hors de question, le budget familial ne le permettait pas. Cependant, en travaillant comme serveuse à la cafétéria de l'école, j'avais pu économiser suffisamment d'argent pour pouvoir étudier un an à l'école de coiffure. Après un mois passé à couper et à friser des cheveux, je m'ennuyais et je cherchais désespérément une plus grande stimulation.

J'habitais à 160 km de chez moi et mes parents n'avaient pas le téléphone. Alors j'ai téléphoné à Miss Dykstra. Elle était très heureuse d'avoir de mes nouvelles et elle me dit qu'elle passerait me prendre dans deux heures. Mais je n'avais pas prévu que Miss Dykstra, au lieu de me ramener chez moi, me conduirait au collège le plus proche et m'y inscrirait.

Durant le trajet, je protestai : « Et qui va payer ? ». Elle répliqua : « C'est toi. Tu vas prendre un autre travail à temps partiel et demander un prêt étudiant. » Et c'est ce que j'ai fait.

Après avoir « décroché de l'école de coiffure » j'ai obtenu un bac, une maîtrise et un doctorat, et aujourd'hui je sais que je vais continuer d'apprendre toute ma vie. Je remercie mon père qui m'a inculqué l'amour de l'apprentissage et Miss Dykstra qui m'a fait voir l'importance de suivre des cours.

NANCY KIERNAN

Rien n'égale la sagesse tirée d'un fait vécu.

GERALDINE JEWSBURY

LA PRIÈRE D'UNE PETITE SŒUR

M*es genoux s'entrechoquaient et j'étais bien contente que* le podium les dissimule aux regards. Après avoir jeté un coup d'œil aux visages familiers devant moi, j'essayai de me détendre. J'étais entourée d'amies. Je me sentais inspirée mais je ne savais pas si je trouverais les mots justes pour décrire l'expérience que je voulais partager avec mon auditoire — ma classe de neuvième année.

Sœur Mary Margaret, notre professeur d'anglais nous avait donné un devoir tout simple : chacune de nous devait préparer un exposé sur un sujet intéressant. Nous pouvions rédiger notre exposé et le lire en classe ou improviser à partir d'un canevas. À en juger par les rires et les chuchotements des filles, un grand éventail de sujets allait être couvert. Parler était l'un de mes passe-temps préférés, et je savais que je trouverais un thème facile à traiter. Quand la cloche sonna à trois heures, je remis à plus tard ces réflexions sur l'exposé à préparer. Je ne prévoyais pas y consacrer de temps avant le dimanche soir.

Le dimanche matin, je travaillais comme caissière au lave-auto de mon père. Je ne vis pas le temps passer et fus surprise quand mon père suggéra d'acheter des hamburgers pour le déjeuner. Nous avons donc commandé douze hamburgers, quatre larges portions de frites et des boissons pour satisfaire six Gonzales affamés qui attendaient à la maison.

Ça sentait vraiment bon quand papa et moi avons posé les sacs de nourriture sur la table de cuisine. Je montai rapidement à ma chambre afin de me changer et prévenir ma grande sœur Chris que le repas était servi.

Parvenue en haut de l'escalier, j'entendis un étrange gémissement. En approchant de ma chambre, je réalisai que le son provenait de notre salle de bain commune.

Alors j'ai crié : « Chris ? »

Puis, entrant rapidement, j'ai tambouriné à la porte de la salle de bain ; j'espérais que l'un de ses chiens, enfermé par mégarde à l'intérieur, soit l'auteur de cet affreux bruit — mais ce n'était pas le cas...

Soudain maman hurla mon nom. J'allais sortir de ma chambre lorsque je l'aperçus, en haut des marches d'escalier criant de toutes ses forces : « Gilbert ! Gilbert ! Viens ici ! Vite ! »

Papa grimpa l'escalier à toute vitesse, j'entendis ma mère crier quelque chose à propos de suffocation, du chauffe-eau et de ma sœur. Je restai figée sur place.

Je les vis courir dans la chambre de ma sœur. J'étais morte de peur mais je décidai malgré tout d'aller voir si je pouvais être utile.

En entrant dans la chambre de Chris, je vis que mes parents avaient sorti le corps de ma sœur de la salle de bain. Elle était couverte de serviettes et ils l'avaient couchée près d'une fenêtre ouverte. Elle gémissait encore tandis que mes parents l'appelaient et lui tapotaient doucement les joues pour l'aider à reprendre conscience.

Quand mon père se leva pour aller téléphoner et faire venir une ambulance, je pris sa place et je fis comme lui : j'appelai ma sœur ; puis j'ai aidé ma mère à l'habiller. Pendant que nous nous efforcions d'enfiler une robe sur son corps inerte, je remarquai une odeur inhabituelle qui provenait de la salle de bain. La porte avait été défoncée. Je regardai le visage inquiet de ma mère et je réalisai qu'elle venait de réduire la porte en éclats de bois et en morceaux déchiquetés. Je ne me souviens pas des mots exacts mais maman m'expliqua que le chauffe-eau avait fait défaut et que ma sœur s'était endormie dans la baignoire. Maman était venue la chercher pour le dîner et elle avait entendu ses gémissements. Elle n'avait pas eu d'autre choix que de briser la porte.

Mon père revint et je décidai d'aller attendre l'ambulance en bas. L'état dans lequel se trouvait ma sœur m'effrayait au plus au point. J'aurais voulu l'aider mais je me sentais complètement impuissante.

Assise en attendant l'ambulance, j'ai prié longtemps cet après-midi-là, et ce furent sûrement les prières les plus intenses de ma courte vie. Je priais Dieu d'aider ma sœur afin qu'elle ne meurt pas. Chris était ma seule sœur, et même si j'aimais mes cinq frères, elle était irremplaçable : son rire, son intelligence et sa créativité en faisaient une personne très spéciale.

Il paraît que je suis restée assise sur la véranda et que j'ai prié pendant des heures, même après le départ de Chris en ambulance.

Aussi longtemps que je vivrai, je me souviendrai de ce nuage effrayant qui flottait au-dessus de la maison des Gonzales ce jour-là. Mes trois plus jeunes frères regardaient calmement la télé sans se disputer pour choisir les émissions ou décider qui allait s'asseoir dans la grande chaise de papa. Je vis Mike, mon frère aîné, rester à la maison et nous surveiller, chose qui ne s'était plus produite depuis qu'il avait acheté une voiture de course. Mike répondait au téléphone et nous parlait calmement. Cet après-midi-là, je crois que nous avons tous réalisé à quel point nous nous aimions les uns les autres.

Chris revint à la maison le soir même. L'intervention rapide de mes parents qui avaient éloigné ma sœur de la source de gaz avait pu lui éviter l'empoisonnement au monoxyde de carbone ; les médecins nous rassurèrent : après quelques jours de repos, Chris se rétablirait complètement. Quand ce fut mon tour, je lui rendis visite en haut, et, je m'en souviens, pour la première fois je lui dis : «Je suis si contente que tu sois vivante. Je voudrais qu'il ne t'arrive jamais rien de mal.»

Je me souviens être revenue plus tard dans la cuisine, là où les hamburgers froids étaient restés dans leurs sacs sur la table.

Le lundi suivant, sans avoir pris de notes, je donnais mon exposé sur «les sœurs». J'ai laissé parler mon cœur.

Les jambes tremblantes, je confiai à mes amies qu'autrefois, je tenais pour acquis l'existence de ma sœur mais qu'un après-midi très éprouvant, j'avais compris tout ce qu'elle représentait pour moi. Je racontai comment ma sœur avait failli mourir ce dimanche et j'expliquai ce que cette expérience m'avait fait réaliser. Après avoir décrit les caractéristiques qui faisaient de ma sœur une personne exceptionnelle, j'ai fini mon exposé en parlant de l'importance d'avoir une grande sœur.

Quand j'eus fini de parler, il y eut un silence complet dans la pièce. Avais-je touché le cœur de sœurs qui se sentaient coupables ? Je me demande encore aujourd'hui si j'ai fait cet exposé pour toutes ces petites sœurs de la classe ou si je parlais uniquement pour moi-même. Ce dont je suis sûre c'est qu'après cet événement, tout fut différent dans la maison des Gonzales et dans la relation entre ma sœur et moi.

Aujourd'hui, je me considère chanceuse : ma grande sœur est aussi l'une de mes meilleures amies. Et je remercie Dieu d'avoir bien voulu, un certain dimanche très angoissant, écouter la prière d'une petite sœur.

DIANE GONZALES BERTRAND

À l'école de la vie, l'amour est toujours le meilleur professeur.

JOAN WALSH ANGLUND

SI J'AVAIS SU ALORS CE QUE JE SAIS AUJOURD'HUI

Récemment, alors que j'étais seule à la maison, je me suis installée confortablement dans mon fauteuil favori, j'ai fermé les yeux, et je suis restée parfaitement silencieuse. J'avais décidé de laisser remonter du fond de ma mémoire certains souvenirs de mon adolescence : des situations que j'aurais vécues différemment si j'avais su à l'époque ce que je sais maintenant. Chaque souvenir qui allait émerger serait sûrement très instructif. Certains événements ne m'ont pas du tout étonnée mais d'autres, oui — des événements auxquels je n'avais pas songé depuis longtemps.

J'étais en deuxième année. Un jour, mon professeur nous dit que nous pouvions nous inscrire à un concours artistique ouvert à tous les élèves du primaire. En courant et en dansant sur le chemin du retour, je vins annoncer la nouvelle à ma mère. Sa réaction sema la confusion dans mon esprit. « Qu'est-ce que tu feras ? » demanda-t-elle. Je l'ignorais, mais d'une certaine façon, je sentais qu'elle était inquiète. Et c'est là que j'ai commencé à douter de moi pour la première fois. Au moment où j'ai décidé de pratiquer la claquette sur la même musique que nous utilisions pour le cours de danse, mon fol enthousiasme avait disparu depuis longtemps ! Et c'est dans la peur que j'ai exécuté mon numéro sur la scène. Après cela, je n'ai plus jamais levé la main en classe, je n'ai plus voulu parler devant la classe à l'école secondaire ou au collège et j'étais très mal à l'aise si un professeur m'appelait soudainement au moment où je ne m'y attendais pas. *Si j'avais su alors ce que je sais aujourd'hui, j'aurais ignoré les doutes des autres, j'aurais eu confiance en moi et j'aurais su que je pouvais mener à bien toutes mes entreprises.*

Un jour, à l'école secondaire, les infirmières vinrent examiner tous les élèves afin de vérifier si certains avaient des poux. Une fille de notre classe qui, jusque là avait été très populaire, fut complètement ignorée à partir de ce moment-là. D'un seul coup, elle ne faisait plus partie de notre cercle d'amies. Plus personne ne l'invitait à sortir avec le groupe, ne partageait avec elle son vestiaire ou ne l'appelait à la maison. *Si j'avais su alors ce que je sais aujourd'hui, j'aurais compris que l'amitié véritable se révèle quand tout va mal et non quand tout va bien.*

Au cours de ma deuxième année d'études secondaires, un étudiant récemment arrivé à l'école m'invita à danser un vendredi soir, après la partie de foot. C'était un très bon danseur, et nos pas s'accordaient à merveille. Il me téléphona le lendemain soir et j'inventai une histoire — un petit ami imaginaire. Mon cœur voulait dire oui, mais je répondis non. Je n'avais pas la moindre idée de ce que je devais faire des sentiments que j'éprouvais pour lui. *Si j'avais su alors ce que je sais maintenant, j'aurais eu le courage d'exprimer ce que je ressentais en toute honnêteté — c'est beaucoup moins compliqué !*

Durant ma dernière année, j'étais dingue d'un garçon qui s'appelait Bob. Nous avons passé l'année ensemble mais nous nous sommes séparés après la remise des diplômes. J'étais au collège quand un ami commun me téléphona pour m'informer que Bob avait la leucémie, qu'il était à l'hôpital et qu'il allait bientôt mourir. Je n'ai pas été le voir. Je ne savais pas quoi lui dire. *Si j'avais su alors ce que je sais maintenant, j'aurais été m'asseoir sur le bord de son lit, je me serais penchée vers lui et lui aurais fredonné à l'oreille les paroles de notre chanson fétiche « I Wanna Be Bobbie's Girl » et je l'aurais remercié d'être passé dans ma vie.*

Je peux voir maintenant que dans chacune de ces expériences, je refoulais au plus profond de moi l'amour que je ressentais — pour les autres et pour moi-même. Mais j'ai aussi compris que ce ne sont pas les « erreurs » commises qui sont importantes mais bien ce qu'elles nous enseignent.

Ma conscience s'est élargie ; à nouveau, j'ai fermé les yeux et, en pensée, j'ai revécu chaque scène en modifiant la fin à partir de *ce que je sais maintenant*. Puis j'ai ouvert les yeux, heureuse de ces découvertes. J'ai compris que dans toute situation nouvelle, l'élément à introduire le plus important, c'est l'amour.

KAY ALLENBAUGH

PETITE FILLE, GRANDE FILLE

D*ans le cadre de mes cours de pédagogie au niveau* préscolaire, je devais faire un stage dans une école maternelle. Une partie de mon travail consistait à m'asseoir par terre et à lire des histoires aux enfants.

Un matin, lors d'une pause entre un apprentissage et une histoire à raconter, Katrina vit que j'étais seule, assise sur le plancher, et elle sauta sur mes genoux. Voyant une de ses amies tout près, l'enfant s'écria: « Chloe, vient t'asseoir avec nous », et elle se déplaça pour lui faire une petite place. Chloe s'installa confortablement sur mes genoux puis elle fourra son pouce dans sa bouche. Katrina me jeta un coup d'œil, se redressa de toute sa taille et dit : « Elle suce son pouce comme un bébé ».

Chloe fronça les sourcils et son pouce humide glissa sur ses genoux où elle le retint de l'autre main. Je mis mon bras autour de ses épaules et, la serrant tout contre moi, je lui dis : « Moi aussi je suce mon pouce. » Katrina vérifia si je parlais sérieusement puis elle jeta un coup d'œil furtif à Chloe qui avait remis son pouce dans sa bouche, et qui, très à l'aise, se reposait tout contre ma poitrine.

Je murmurai à l'oreille de Katrina : « Va choisir un livre d'histoires. » Katrina couru jusqu'à la bibliothèque, en retira le livre : *Harold and the Purple Crayon*, puis vint se blottir sur mes genoux près de Chloe. Tandis qu'elle s'installait et que je commençais à raconter l'histoire, elle approcha sa main de son visage ; au milieu des aventures d'Harold, son pouce avait trouvé le chemin de sa bouche.

RUTH ACHILLES

PLUS QU'UN TEST

Je me souviens de cette journée comme si c'était hier. J'étais assise auprès de Keith, mon fiancé, devant un bon feu de foyer. Nous discutions des préparatifs du mariage, de la maison de nos rêves, du nombre d'animaux domestiques que nous voulions avoir et, bien sûr, de l'emploi idéal. Le genre de boulot que vous accomplissez à tous les jours dans la joie.

Keith était convaincu que je pourrais travailler avec lui au service de police : je serais, disait-il, une excellente répartitrice. Je réfléchis quelques instants, me demandant si je pourrais supporter le stress inhérent à la tâche. Puis, en l'écoutant parler de notre avenir, je finis par croire que c'était une bonne idée. Après tout, pourquoi pas ? Il y avait plusieurs avantages, une assurance santé et des vacances payées. Que demander de plus ?

Cette possibilité de travailler pour le même employeur nous faisait rêver ; mais tout à coup, un problème dont j'avais honte refit surface — n'ayant jamais terminé mes études secondaires, je n'avais pas de diplôme. *Que va-t-il penser de moi ?* Nous avions toujours été honnête l'un envers l'autre et j'étais gênée de ne pas lui en avoir parlé plus tôt. Mon cœur battait fort dans ma poitrine et je compris que je devais rester honnête.

« Je dois t'avouer quelque chose — c'est une chose dont je ne t'ai jamais parlé. Je ne serai pas embauchée au poste de répartitrice parce que je n'ai pas complété mes études secondaires. Durant mon adolescence, je suis tombée en amour et, complètement dingue, je ne me suis plus souciée de mes études. Je ne réalisais pas l'importance de l'instruction et j'ai décroché au cours de ma dernière année. » Les larmes coulaient sur mes joues tandis que je racontais mon histoire.

« Y a-t-il autre chose que j'ignore à ton sujet ? » demanda Keith avec un petit sourire.

« Non, c'est tout », répondis-je d'une voix entrecoupée par les sanglots.

Il me prit dans ses bras et me dit de ne pas m'inquiéter. Keith ne me jugeait pas. Il m'aimait telle que j'étais et c'était tout ce qui comptait pour lui.

Le lendemain, à la librairie du centre d'achat, nous avons acheté un livre afin que je puisse me préparer aux examens et recevoir mon diplôme d'études secondaires. En m'offrant le livre Keith me dit : « Je veux t'offrir le cadeau de l'instruction. »

L'étape suivante consistait à m'inscrire à l'école secondaire près de chez moi pour suivre un cours préparatoire qui se donnait en soirée. J'avais peur et je ne savais pas à quoi m'attendre. Je craignais d'être la plus âgée de la classe ou d'avoir oublié tout ce que j'avais déjà appris à l'école. J'étais si anxieuse avant le premier cours que, au bord du désespoir je me suis demandé : *Qu'est-ce que tu as à perdre ?* À partir de ce moment, je pus me concentrer. J'ai étudié tous les soirs, heure après heure, jour après jour, et personne sauf Keith ne l'a su.

Puis vint le jour de l'examen. Les questions portaient sur cinq sujets : l'écriture, les études sociales, la science, la littérature et les arts, et les mathématiques. J'ai rempli chaque section de façon méthodique jusqu'à ce que j'arrive à la section mathématiques. Je me suis dit : *Oh mon Dieu, c'est la matière qui me donne le plus de fil à retordre.* Je devais prier encore plus fort. J'ai prié sans arrêt en répondant aux soixante questions. Je regardais fixement chacune d'entre elles en espérant que Dieu me souffle les réponses ! Quand le temps fut écoulé, je posai mon crayon, pris une profonde inspiration et me levai en emportant toutes mes choses. Je tendis mon examen à une gentille dame assise en avant à son bureau, et je lui demandai de dire une petite prière pour moi.

Le retour à la maison en voiture m'a semblé durer une éternité. Tandis que je grimpais en courant les marches de l'escalier conduisant à mon appartement, j'entendis le téléphone sonner. J'ouvris la porte rapidement et courus répondre. C'était la surveillante de l'examen. Je lui avais communiqué mon excitation si bien qu'immédiatement après mon départ, elle avait mis mon examen dans l'ordinateur pour connaître les résultats. Je fermai les yeux et j'entendis : « Vous avez réussi ! Vous avez obtenu votre diplôme ! » J'éclatai en larmes ; je me sentais vraiment fière de moi. Puis je criai à Keith : « Chéri, j'ai réussi ! »

Je le regardai droit dans les yeux et je compris qu'en m'offrant le cadeau de l'instruction, il m'avait offert beaucoup plus : il m'avait aidé à me surpasser.

VALENTINA A. BLOOMFIELD

LE MARIAGE

Il y a de cela quelques mois, Camille, ma fille, m'annonça qu'elle allait se marier. J'étais contente pour elle et pour son petit ami. C'est un jeune homme très sympathique et dont l'avenir est prometteur.

Le week-end dernier, j'accompagnais ma fille à une séance d'essayage de robes de mariée. Je regardais Camille qui examinait attentivement son reflet dans le miroir quand tout à coup, mon esprit fit un saut dans le passé.

« Elle a des yeux magnifiques », disait mon mari tandis que le docteur déposait son petit corps dans mes bras. J'avais admiré ce précieux miracle en souriant. Comme une nuit sans étoiles, ses yeux étaient noirs tout comme ses cheveux.

Les jours suivants, je réfléchis à son avenir. Avec de tels yeux et une telle chevelure, elle allait faire tourner la tête de plusieurs garçons ; j'allais devoir lui enseigner que l'apparence n'est pas tout dans la vie et que le courage et le travail assidu sont les ingrédients essentiels de la réussite.

Puis au fur et à mesure qu'elle avait grandi, j'avais vu sa personnalité s'affirmer. Son sourire un peu espiègle était contagieux. Elle devait toujours courir pour aller aussi vite que ses frères et sa sœur. C'était une petite fille déterminée. Je me souviens d'un jour où elle essayait d'empiler les cubes d'un jeu de construction. Son échafaudage s'effondrait constamment. Elle ne se décourageait pas et recommençait patiemment.

Finalement, quand elle réussit à ériger une petite pile bien droite, elle se tourna vers moi avec un sourire triomphant. J'ai su alors qu'elle ne serait pas une dégonflée.

« Maman, qu'est-ce que tu en penses ? », me demandait-elle maintenant, m'arrachant à ma rêverie.

« Elle te va très bien, elle est magnifique », dis-je en souriant.

Je regardais cette jeune femme — encore une enfant à mes yeux — dans sa robe de satin blanc et de dentelle, et je retrouvais en elle une partie de moi-même. Je me souvenais de mon propre mariage et de ma joie. J'étais encore très jeune, mais je savais que je faisais le bon choix. J'étais en amour. Aujourd'hui, vingt ans — et cinq enfants — plus tard, la boucle était bouclée.

J'assisterai au mariage de ma fille en espérant qu'il puisse durer toujours. Je veux croire qu'il durera toujours. Les prochains mois seront mouvementés mais je suis prête à relever le défi. Je suis certaine que ma fille me fera parfois tourner en rond mais je vais essayer de rester calme. L'une de nous doit le faire.

J'attends avec impatience le dernier jour de juillet lorsque ma fille se tiendra devant l'autel avec son fiancé. Un souvenir remontera sans doute encore à ma mémoire : celui de cette petite fille qui essayait d'empiler des cubes sur le plancher de notre salle de séjour, et son sourire triomphant après avoir réussi. Si des larmes coulent de mes yeux, ce seront des larmes de joie.

SHARON SCHAFER

VII
SOUVENIRS SOUVENIRS

Peu importe le temps que je vivrai, jamais je ne m'ennuierai.

Harriet Doerr

Une journée si douce,
douce comme les langes d'un bébé.

MARCELENE COX

RÉCONFORT DANS LA SAVANE

On dit des éléphants qu'ils ont une grande mémoire. J'espère que c'est vrai. J'espère que celui-ci se souviendra.

J'ai croisé sur ma route un bébé éléphant — qui n'avait pas encore une semaine — lorsque j'étais sur une réserve faunique au Zimbabwe. Il était tombé dans un trou creusé autour d'une pompe à eau et ne pouvait en sortir. Le troupeau était resté dans les parages durant quelques jours et avait essayé de le sortir de là, sans succès. Finalement, ils l'avaient abandonné.

Un ou deux jours plus tard, lorsqu'un des gardiens du parc vint vérifier la pompe, il découvrit l'éléphanteau découragé qui le regardait fixement. Avec une pelle le garde enleva de la boue durant des heures et, avec un peu d'eau, persuada le nouveau-né de sortir.

Et c'est là que je l'ai rencontré. J'avais participé à un safari ce jour-là et nous avions décidé de nous arrêter pour manger sous un abri à toit de chaume au cœur de la savane. Nous venions tout juste de décharger le camion lorsque le garde s'avança vers nous suivi du bébé éléphant.

Au départ, j'étais perplexe. Je n'avais jamais été aussi près d'un éléphant. Je ne savais si je devais être effrayée ou curieuse, mais ses grands yeux noirs et brillants étaient chaleureux. Il était apeuré et rempli de confusion, perdu parmi ces étrangers, mais c'était un brave petit bonhomme. Je sentis soudain que j'avais des affinités avec ce jeune animal. Moi aussi je me sentais apeurée et perdue parmi des étrangers. Depuis plusieurs mois déjà, j'effectuais un voyage autour du monde — j'avais déjà parcouru la moitié du chemin — et la nouveauté de l'aventure commençait à s'estomper. Mon excitation initiale avait considérablement diminuée et je mourais d'envie de voir un visage familier. Mais ce n'était pas encore le temps de retourner à la maison. Toute l'année je serais loin de chez moi afin de poursuivre mon projet de recherches et j'aurais ensuite un long trajet à faire.

Cet après-midi là, je me fis un ami. Il mesurait à peine 1 m et je crois qu'il devait peser dans les 150 kilos. Il se déplaçait avec la maladresse et la curiosité d'un tout petit enfant, trébuchant sur ses gros pieds rembourrés et agitant ses trop grandes oreilles comme pour s'envoler.

On me demanda d'en prendre soin durant quelques heures pendant que le gardien, accompagné de la plupart des membres de notre groupe, retournerait à la base pour trouver un vétérinaire. Pendant leur absence, l'éléphanteau me suivit de près en dessinant des cercles, palpant de sa trompe l'arrière de ma cuisse, et fonçant sur moi quand je m'arrêtais. De temps en temps, il levait sa trompe et essayait de barrir mais il n'arrivait à produire qu'un son étouffé. Je savais ce qu'il ressentait et cela me faisait rire.

Quand le guide revint avec le vétérinaire et un camion spécial équipé d'une cage, le petit éléphant et moi nous étions réconfortés l'un l'autre et je m'inquiétais de son sort.

Je n'ai pas eu à spéculer longtemps. Tout en l'examinant, le vétérinaire me dit qu'on l'emmènerait à un refuge pour les animaux, à Bulawayo, à environ 350 km de là. Je connaissais l'endroit et je fus rassurée en sachant qu'on prendrait soin de lui là-bas.

Malgré cela, je sentis une boule se former dans ma gorge tandis que le vétérinaire le faisait monter dans la cage, et que le petit bonhomme tendait sa trompe comme pour dire au revoir. Bien que notre amitié fut de courte durée, j'aime à croire qu'elle fut sincère. Durant quelques heures, nous avons partagé nos vies, nos solitudes, et nos incertitudes ; durant quelques heures, nous nous étions réconfortés et nous avions trouvé la paix. Tandis qu'on mettait le moteur du camion en marche, je caressai une dernière fois la tête de mon ami, je le grattai sous le menton et lui murmurai : « Bonne chance, mon copain. *Endo zvakanaka.* Sois courageux et je le serai aussi. »

Je me demande parfois s'il s'en souvient.

Delin Cormeny

LA DAME AU PANIER

Les événements magiques se produisent au moment où vous vous y attendez le moins. Parfois, ils s'installent dans notre esprit et scintillent pendant des années sans que nous les reconnaissions. Ma rencontre avec la dame au panier fait partie de cette magie.

Elle débarqua à l'improviste chez nous, un jour d'hiver, en 1956. Les hivers en Iowa sont très froids, il y a beaucoup de neige et le sol est glissant. Mon père ouvrit la porte arrière de notre demeure pour laisser entrer cette dame mince aux cheveux gris. Elle glissa sur le plancher couvert de tuiles et, avec une chance incroyable, vint atterrir sur la moquette verte et moelleuse. En essayant de ne pas rire, je me penchai pour esquiver un étrange panier brun qui vola en spirale dans la pièce. Il retomba sur le côté, tout comme la dame. Mon père aida cette dernière à se relever et s'assura qu'elle ne s'était pas fait mal. Son chapeau était légèrement déplacé, mais les bras, les jambes, et autres trucs utiles semblaient intacts.

« Occupe-toi du panier, s'il te plaît, Kathie », dit mon père.

« Bien sûr papa », répondis-je. « Mais qu'est-ce que c'est ? »

« Kathie, remet simplement les choses dans le panier. Je suis certain que Madame Armontruite te montrera tout ça plus tard. »

« Promis ? », demandai-je en regardant l'originale petite dame au nom si étrange.

« Oui », dit-elle, en posant son chapeau à plume sur la table et en ajustant ses lunettes qui s'étaient retrouvées de guingois après sa chute. « Ce sont des objets que j'aime beaucoup. Nous y jetterons un coup d'œil quand tes parents seront partis ».

J'avais alors cinq ans et je n'aimais pas beaucoup que mes parents quittent la maison pour la soirée. À chaque fois qu'une baby-sitter restait avec nous, je m'ennuyais. Ce soir-là, je sentais que les choses se passeraient différemment. J'avais hâte.

« Au revoir », dit maman — à ma sœur Julie et à moi — en nous embrassant tendrement sur les joues. « Soyez sages et allez vous coucher aussitôt que madame Armontruite vous dira de le faire. »

La porte se referma. Mes parents étaient partis. Je me mis à réfléchir : *Armontruite*. L'autre soir, nous avons mangé quelque chose qui portait le même nom, pensai-je, mais je n'aurais pu l'affirmer avec certitude. Un nom bizarre, mais qui, curieusement, lui convenait bien. Elle avait des cheveux gris fins qui ne semblaient épouser aucun style particulier. J'aimais beaucoup peigner les cheveux. *Plus tard, elle acceptera peut-être que je le fasse,* me dis-je, en étudiant les mèches dressées sur sa tête.

« Approchez, venez vous asseoir près de moi », dit la petite dame en tapotant le divan de chaque côté d'elle. « J'ai des choses spéciales à vous montrer. »

Ma sœur aînée, plus prudente que moi, ne se pressait pas. Elle s'attarda de l'autre côté de la pièce avant de venir s'asseoir sur le coin du divan à motif fleuri, tout en gardant ses distances.

« Comme moi, Julie. Viens t'asseoir plus près. »

Centimètre par centimètre, Julie se déplaça sur le divan. Ce n'était pas facile pour elle. Le temps passant, madame Armontruite se retrouva bientôt comme un glaçage entre deux biscuits — deux petites filles avec une belle surprise au centre.

« Il est bien rempli », observai-je, tout en aidant madame Armontruite à hisser le panier sur ses genoux.

« Rempli de mes objets favoris ».

« Vos objets favoris ? C'est quoi ? dis-je, sur un ton aigu.

« Ce sont des objets qui représentent quelque chose de spécial pour vous. Ils mettent des sourires dans les cœurs, des rêves dans les esprits et des rires sur les lèvres. Les objets favoris ouvrent les portes et vous emmènent très loin dans l'imaginaire. »

Incrédule, je regardais madame Armontruite tandis que Julie jetait de rapides coups d'œil à droite et à gauche. Cette dame parlait-elle sérieusement et si oui, de quoi parlait-elle exactement ?

Sans comprendre vraiment les paroles de madame Armontruite, je restais néanmoins suspendue à ses lèvres. Des étincelles semblaient jaillir de ses yeux et danser autour de ma tête avec la grâce d'un papillon après une pluie printanière.

Toute la soirée et de nombreuses autres soirées semblables par la suite, ma sœur et moi sommes restées assises telles des appuis-livres de chaque côté de madame Armontruite. Nous adorions l'entendre raconter l'histoire de son dé à coudre, de son crayon, de sa carte géographique et de sa clé préférée. Ses patrons de couture et ses puzzles nous captivaient et ses livres favoris devinrent aussi nos livres favoris. Elle nous raconta des histoires sur ses aliments préférés et les lieux de prédilection où elles aimaient les manger. Elle avait même une assiette favorite pour sa rhubarbe et une pour sa bouillie de maïs.

Bien vite je ne prêtai plus aucune attention à sa chevelure crêpée et son nom ne me paraissait plus du tout étrange. Mon imagination libérée, tout ce que je percevais prenait un sens nouveau. Des années plus tard, j'ai réalisé que la dame au panier m'avait donné quelque chose d'inestimable, quelque chose que je n'aurais jamais pu acheter. Elle avait développé mon imagination et m'avait transmis quantité d'images, de croyances et de valeurs.

Je ne sais ce qui est advenu de la dame au panier. Elle a cessé de faire du baby-sitting chez nous lorsque j'ai atteint l'adolescence — j'avais alors d'autres préoccupations. Mais je suis profondément convaincue que madame Armontruite se trouve en un lieu spécial d'où elle m'observe lorsque je fais connaître mes objets favoris à mes enfants et à mes étudiants.

KATHIE HARRINGTON

On nous dit souvent que nous ne pouvons avoir tout ce que nous voulons,
Et pourtant, instinctivement, j'ai toujours envie de répondre : Et pourquoi pas ?

MARGARET HALSEY

MON SOUHAIT DE NOËL

Trônant dans un coin de la salle de séjour et scintillant de tous ses ornements, notre fier sapin de Noël d'un beau vert sombre respirait la sérénité. Comme de minuscules lucioles, les lumières répandaient des nuances colorées sur les papiers d'emballage brillants déchiquetés qui débordaient d'un grand sac de plastique et se répandaient partout sur la moquette. À peine une heure auparavant, les présents remplissaient tout l'espace sous l'arbre. Maintenant, tous les cadeaux avaient été ouverts.

J'avais cinq ans et, dans le fouillis général typique d'un jour de Noël, j'examinais les cadeaux que je venais de recevoir. Le lit de poupée avec sa couverture rose, la jolie petite lampe blanche et un peignoir très doux, de couleur turquoise que ma grand-mère avait taillé pour moi. De magnifiques cadeaux. Mais, sincèrement, j'avais souhaité obtenir quelque chose de complètement différent.

Emily, ma sœur qui avait trois ans de plus que moi — ce qui lui conférait une certaine supériorité — s'était fait une nouvelle amie, récemment : Rebecca, une fillette qui fréquentait la même église que nous. Rebecca possédait deux choses qui m'intéressaient au plus haut point : de long cheveux soyeux et, plus important, une gerbille prénommée Rose. À mes yeux, Rose était le plus joli petit animal de compagnie qui soit, avec ses profonds yeux noirs et son doux pelage couleur café. Oh ! Une gerbille comme Rose ! C'était ce que je voulais pour Noël ! Mais il n'y avait plus de présents à développer sous notre arbre royal. Ah, comme j'aurais souhaité...

« Lisl et Emily ! » Je sursautai. La voix de maman m'arracha à ma rêverie. « Votre père et moi avons une autre surprise pour vous, mais vous devez d'abord vous rendre au sous-sol pendant que nous la préparons. »

L'espoir m'envahit. Et si c'était la gerbille de mes rêves ? Ma sœur voulait une perruche. Et si c'était la perruche tant désirée ?

Très excitées, nous avons descendu l'escalier à toute vitesse. Nous sommes restées au sous-sol en retenant notre souffle et avons attendu le signal de maman. Les secondes semblaient des heures, les minutes, une éternité. Le suspense allait-il bientôt finir ?

« Tout est prêt, les filles, dit maman. Vous pouvez monter. »

Elle avait à peine terminé sa phrase, nous montions en flèche les marches de l'escalier. Avec ses longues jambes, Emily bondissait devant moi et, à la dernière marche, elle poussa un cri de joie aigu. Qu'est-ce que c'était ? Je la suivais de près et je la vis courir vers une cage de couleur argent qui abritait une jolie perruche jaune et verte. C'est tout ce que je vis. Un mélange de désespoir et de jalousie commença à bouillonner en moi, menaçant de déborder. Pourquoi Emily recevait-elle l'animal qu'elle désirait et pas moi ? Ce n'était pas juste ! Je voulais tellement posséder une gerbille pour la caresser, la tenir dans mes mains et en prendre soin, mais seul le souhait d'Emily avait été exaucé. Je sentis une boule se former dans ma gorge et les larmes me monter aux yeux.

« Attends, Lisl, regarde ici », me dit maman qui s'était rendu compte de ma déception. Je suivis son doigt et jetai un coup d'œil au plancher. À un mètre devant moi, dans un aquarium de verre il y avait une petite gerbille couleur café, presque identique à Rose — la gerbille que j'aimais tant ! À genoux tout près de la cage, sourire aux lèvres, j'oubliai ma peine aussitôt. La petite gerbille était pour moi ! Ma petite « Rose » à moi, que je pourrais tenir dans mes mains, caresser et dont je pourrais prendre soin.

« Tu devras l'apprivoiser Lisl, avertit maman. Elle n'est pas encore habituée aux êtres humains. »

Je voulais commencer à l'apprivoiser immédiatement. Elle était à moi et j'étais convaincue que nous allions rapidement devenir des amies.

Dorothy, c'est ainsi que je l'avais nommée, demeura avec moi durant trois ans avant de décéder. Bien que le temps passé ensemble fut relativement court à l'échelle de la vie humaine, Dorothy et moi en avons profité au maximum ! Je ne dis pas que notre relation fut toujours exemplaire. Elle fit des trous dans un de mes T-shirts, et de temps en temps elle déféquait pendant que je la tenais. Mais j'aimais la regarder jouer dans sa bûche creuse — courir à l'intérieur puis montrer soudainement son adorable frimousse dans la petite fenêtre circulaire. Et je me souviens combien elle aimait s'asseoir dans ma main pendant que je la caressais.

Aujourd'hui, je suis à l'école secondaire. J'ai eu beaucoup d'animaux intéressants depuis l'âge de cinq ans. Mais je peux affirmer sans crainte de me tromper que l'animal qui a été le plus *important* pour moi, c'est Dorothy.

LISL HERSHBERGER

OPÉRATION CHOCOLAT

J'avais douze ans, et ma mère était enceinte. J'étais très excitée car je désirais depuis longtemps avoir un petit frère ou une petite sœur. En revenant de l'école, un après-midi, je fus accueillie par un arôme de chocolat en provenance de la cuisine. Maman, qui approchait de son neuvième mois, portait son tablier de Noël noué bien haut, au-dessus de son ventre. Elle sortait du four une plaque à biscuits couverte de tartelettes au chocolat. J'en avais l'eau à la bouche. Une petite tarte accompagnait parfaitement un devoir d'algèbre.

Maman prit une bouchée et secoua la tête. « Non, ce n'est pas encore ça ! » déclara-t-elle. Cela dépassait mon entendement. Je les trouvais délicieuses. Je lui demandai pourquoi elle n'aimait pas les tartelettes.

« Elles ne sont pas comme celles de grand-mère Smith. J'essayais de refaire de mémoire sa recette, et ce n'est pas du tout le goût que je meure d'envie de retrouver. »

Les mots « mourir d'envie » me mirent la puce à l'oreille. Je compris que ma mère recherchait un goût particulier et qu'elle ne serait pas satisfaite avant de l'avoir retrouvé.

Durant les jours suivants, elle demanda à mon père de se rendre au magasin pour acheter : de la crème glacée au chocolat, une tarte congelée au chocolat, des bonbons, du cacao pour faire un autre essai, des tartes et des gâteaux précuits au chocolat et du sirop de chocolat. Rien ne put satisfaire ma mère enceinte devenue « chocoolique ».

Il fallait goûter aux ingrédients avant de les mélanger. Faire des expériences et obtenir l'assentiment de maman. Les morceaux de chocolat, le sirop et le lait au chocolat, les petits gâteaux au chocolat et tous les produits imaginables couverts de chocolat finissaient par nous donner la nausée. Ce qui aurait dû être un délice pour une fillette de douze ans tournait au cauchemar. Allions-nous sombrer dans le chocolat ? Maman découvrirait-elle un jour le goût qu'elle recherchait ? Une légende de vieilles femmes affirmait que le bébé viendrait au monde avec des « marques » sur le corps si le besoin maladif de la mère n'était pas comblé. Les plans de travail étaient jonchés de boîtes de pâtisseries à moitié vides. Des récipients de lait au chocolat à peine entamés s'alignaient sur les tablettes du frigo. Le congélateur était rempli à ras bord de boîtes de crème glacée — au chocolat, aux morceaux de chocolat, aux noix et chocolat, au chocolat et caramel — et de *Fudgsicles*. Ouvrir les armoires supérieures était dangereux : des sachets de mélange à gâteau au chocolat, des pots de caramel mou, des bouteilles de sirop au chocolat, des boîtes de sucre à glacer et de cacao Hershey pouvaient nous dégringoler sur la tête. Notre maison était devenu une chocolaterie avec toutes les arômes mais le plaisir en moins.

Un jour, Estene vint frapper à notre porte. Cette ancienne voisine était déménagée dans une autre ville pour y ouvrir un restaurant. Elle apportait plusieurs cadeaux comestibles — parmi lesquels, une autre tarte au chocolat avec une pâte à l'ancienne et recouverte d'une meringue — ce n'était pas une tarte aux biscuits *graham* et il n'y avait pas de crème fouettée. La visite d'Estene fut brève et courtoise et elle repartit avant que nous puissions établir de quelle façon elle avait été mise au courant du besoin maladif de maman.

Estene venait à peine de descendre les marches de la véranda que déjà maman plongeait une fourchette dans la tarte. Elle prit une bouchée. Papa et moi étions persuadés qu'elle l'abandonnerait rapidement dans le frigo déjà plein. Le visage de maman rayonnait. Elle plongea à nouveau sa fourchette dans la tarte. Puis une autre, et une autre. Et, d'un seul trait, elle mangea toute la tarte ! Puis, sans un mot, elle se dirigea vers sa chambre.

Vers 10 :00 h ce soir-là, maman annonça que le bébé était sur le point d'arriver. Nous l'avons emmenée à l'hôpital à toute vitesse et tôt le lendemain matin, mon frère fit son entrée dans le monde — sans aucune marque sur le corps.

Plus jamais nous n'avons eu de nouvelles d'Estene, mais pour nous, elle sera toujours la mystérieuse « fée du chocolat ». Je n'ai plus voulu manger de chocolat durant une longue période de temps par la suite, mais mon frère, lui adore tout ce qui est sucré.

SHEILA S. HUDSON

JE TRAVAILLE POUR LA COMPAGNIE DE CHEMIN DE FER !

Je me revois, à l'âge de cinq ans, attendant devant la maison de mon grand-père que ce dernier revienne de son travail. Je l'appelais Pa. Il était mécano aux chemins de fer et il prenait son travail à cœur. Il portait un petit chapeau rayé noir et blanc, une combinaison, de grosses bottes noires et un mouchoir rouge autour du cou.

La suie noircissait son visage et le rendait méconnaissable. Il rentrait fourbu à la maison, mais son visage s'éclairait à chaque fois que ses yeux rencontraient les miens. Même couvert de suie, il me prenait dans ses bras et me serrait bien fort contre son cœur. Je peux encore sentir l'odeur de charbon et de sueur tandis qu'il me tenait tout contre lui.

Quand nous allions dîner chez Pa, ce dernier nous décrivait sa journée et nous racontait des histoires magnifiques. Et je me disais qu'il avait le meilleur boulot du monde. Il parlait toujours de choses positives et réjouissantes. Je lui disais souvent qu'il était chanceux. Je voulais travailler au chemin de fer moi aussi.

Un jour, après que ma mère m'eut déposée chez lui, il me tendit une combinaison, un petit chapeau rayé noir et blanc et un mouchoir rouge. « Habille-toi, petite fille », dit-il. « Devine qui va conduire le train aujourd'hui ? »

« C'est moi ! Est-ce que je pourrai donner un coup de sifflet ? »

« Certainement », dit-il, avec un large sourire.

Il avait un court trajet à faire ce jour-là et il s'était dit que c'était le bon moment de m'emmener. À chaque passage à niveau, j'actionnais le sifflet pour avertir les automobilistes de faire attention. Je riais tandis que les passagers des voitures me faisaient signe de la main. En leur répondant de la même façon, j'avais l'impression d'être la vedette du spectacle. Pour la petite fille que j'étais, actionner le sifflet était sûrement le boulot le plus important au monde.

Peu de temps après, Pa revint du travail et je réalisai que la lumière qui éclairait habituellement son visage n'était plus là. Il ne riait pas. Je voyais que tout le monde s'inquiétait mais j'étais trop jeune pour comprendre. Vers la fin de la soirée, il fit un infarctus. Il s'en est sorti mais, désormais invalide, il fut obligé de quitter son travail. Plus de voyage en train ni pour lui ni pour moi. Il était trop malade.

Nous avons passé encore un bon bout de temps ensemble jusqu'au jour où une autre attaque cardiaque mit fin à ses jours. Encore aujourd'hui, à chaque fois que je vois un train, je pense à Pa. Quand la locomotive passe, je salue de la main et j'imagine que c'est lui qui la conduit.

Je le revois encore, avec son couvre-chef rayé noir et blanc et son mouchoir rouge flottant au vent tandis que le train passe rapidement. Quand j'entends siffler le train, je me souviens de l'immense joie que j'avais éprouvée en travaillant avec le plus grand mécano du monde. Mais, par-dessus tout, je me souviens de son sourire tandis qu'il me regardait accomplir consciencieusement mon boulot.

NANCY B. GIBBS

UNE SORTIE EXCEPTIONNELLE

U*n jour, mes filles âgées de neuf et dix ans m'annoncèrent* avec fierté qu'elles avaient mis de côté leur allocation hebdomadaire afin de nous inviter à dîner pour notre anniversaire de mariage.

Elles gloussaient sans arrêt tandis que Heather, l'aînée, composait le numéro pour effectuer une réservation dans un restaurant du voisinage. « Dis leur que l'argent n'est pas un problème », dit Laura, avec un sourire taquin.

Je devais m'habiller en conséquence et être prête pour 18 : 00 h. Donc, j'ai revêtu ma tenue de soirée en soie et suivant les directives, mon mari a enfilé un complet. Mes filles portaient des robes (même si habituellement elles détestaient s'habiller ainsi) car il s'agissait d'un événement exceptionnel.

Tout au long du trajet, elles parlaient avec entrain de leur journée à l'école, de leur pratique de piano et de la partie de foot locale à laquelle elles devaient assister le vendredi suivant. Mais elles s'intéressèrent aussi à mes activités, et ne manquèrent pas de demander à leur père : « Et alors, quelle journée ? » sur le même ton que j'employais habituellement. Elles prenaient l'initiative de la conversation.

Et de fait, toute la situation était inversée quand nous sommes arrivés au restaurant et qu'elles annoncèrent que nous pouvions prendre tout ce que nous voulions, dessert compris. Elles agissaient avec beaucoup de sérieux.

Je ne pus m'empêcher de sourire à mon mari qui me fit un clin d'œil pendant que nos filles regardaient ailleurs. Nous étions fiers de nos enfants.

Elles nous invitèrent à nous asseoir, à commander les premiers et à choisir un dessert — ce que nous avons fait.

La nourriture était succulente. Inverser les rôles les amusaient beaucoup ; nous avions de larges sourires ; tout le monde s'amusait ferme.

Quand on nous présenta la note, Heather s'en empara et les deux filles se penchèrent au-dessus. Puis Laura, imitant son père, le menton appuyé sur la main dit : « Maintenant, voyons cela. Quel sera le montant du pourboire ? » Têtes appuyées l'une contre l'autre, elles réfléchirent quelques minutes. J'aurais aimé les aider mais je savais instinctivement que ce moment était le leur. Elles établirent un montant équitable et placèrent fièrement leur argent sur la serviette de table.

De retour à la maison je dis : « Merci pour cette merveilleuse soirée. »

Mon mari les embrassa en ébouriffant leurs cheveux.

Et aussitôt, elles redevinrent des petites filles ; elles coururent jusqu'à leur chambre, enfilèrent T-shirts, blue jeans et chaussures de tennis et sortirent dans la cour pour faire une petite partie de base-ball avec les enfants du voisinage avant la fin de cette magnifique journée d'été.

Mon mari fronça les sourcils et dit avec un air taquin : « Est-ce que ce sont les mêmes enfants avec lesquels nous avons dîné ce soir ? »

« Oui, dis-je en souriant. Ce sont bien nos enfants. »

Suella Walsh

LE DIAMANT DE KATIE

Le feu crépitait dans la cheminée, illuminant toute une partie de la salle de séjour. L'autre côté de la pièce étincelait sous les lumières de l'arbre de Noël et des nombreux présents disposés à sa base. C'était la veille de Noël, en Iowa. Le soleil qui avait brillé sur la neige fraîche se couchait maintenant et il était temps pour les Johnsons d'ouvrir leurs cadeaux.

C'était en 1894, et Bernice May qui avait dix-huit ans espérait recevoir un bijou. Elle développa avec précaution le petit paquet portant une étiquette à son nom. À l'intérieur, une épinglette blottie dans un petit morceau de coton, un bijou unique, d'une forme très originale. Un diamant entouré de rangées de perles minuscules était encastré dans une monture en or 14 carats. Bernice comprit que le bijou devait avoir coûté très cher. L'épinglette devint pour elle un symbole de l'amour qu'elle portait à sa famille et elle la porta sur son cœur à chaque jour.

Bernice, mon arrière-grand-mère, mourut en 1940. Elle fit cadeau de l'épinglette et d'autres bijoux de famille à Robert, son fils qui, plus tard, la remit à mon père, et l'histoire se répéta presque cent ans plus tard.

Le 25 décembre 1993 — j'avais alors vingt-deux ans — je regardais les lumières de notre arbre de Noël recouvert de ouate blanche scintiller dans notre salle de séjour. Le Père Noël était passé et reparti assez tôt ce matin-là. Mon bas était rempli de présents. J'avais déballé tous les paquets sauf un. En ouvrant la petite boîte, je découvris le même objet que Bernice May avait aperçu plusieurs années auparavant. Mes parents avaient fait modifier l'épinglette pour en faire un pendentif et maintenant ce dernier m'appartenait.

Depuis ce jour, je le porte quotidiennement. Il représente mes racines, symbole d'amour, de croissance et de sollicitude. Peut-être que dans cent ans d'ici ma petite fille ou mon arrière-petite-fille portera ce diamant serti dans une monture incrustée de perles.

J'aime à penser que chaque maillon de la chaîne que je porte autour du cou est à la fois une étincelle issue du passé et un miroir du futur.

KATIE HARRINGTON

Avoir une bonne chose en trop grande quantité est merveilleux.

MAE WEST

TOUT AVOIR

Être la fille d'une célébrité n'est pas aussi sensationnel qu'on le dit. Maman était une vedette de la populaire série télévisée *Eight Is Enough.* « Popularité » est un mot utilisé par les studios. Moi, c'est plutôt le mot « absence » qui me venait à l'esprit. Je m'ennuyais beaucoup de ma mère. Je voyageais en limousine et recevais en cadeau tous les jouets qu'un enfant de cinq ans peut désirer ; cela faisait partie de ma routine. Je trouvais même « normal » de recevoir par la poste des cadeaux de fans que je ne connaissais pas.

Nous étions riches mais il manquait quelque chose. Sans ma mère à mes côtés, les jouets, les bonnes d'enfants et les limousines me paraissaient dépourvus de substance. Les jours où nous pouvions enfin être ensemble, nous n'étions pas vraiment libres. Pour faire tout simplement un peu de magasinage, il fallait affronter un barrage de caméras et j'étais obligée de sourire. Au lieu de manger un cornet de crème glacée et de passer du bon temps avec ma mère, j'observais les chasseurs d'autographes qui accaparaient tout l'espace et le temps alloué à nos sorties.

Pendant toutes ces années, nous devions effectuer de nombreux déplacements et cela m'attristait. Nous demeurions dans des soi-disant hôtels de rêve mais je m'ennuyais de mon lit. Le soir de Noël, nous participions souvent à une soirée de bienfaisance ou nous étions en studio — tout cela servait à alimenter le rêve au royaume du toc.

Un jour, j'avais alors huit ans, la série télévisée de maman fut annulée et nous avons déménagé dans sa ville natale. En entrant dans Sadsburyville, Pennsylvanie, à l'extrémité opposée des États-Unis, je vis un terrain aménagé pour les camping-cars, une ferme Amish et un kiosque à hot dogs lequel, je le compris rapidement, était vraiment l'endroit « incontournable ». Ravie, maman éclata de rire en apercevant l'enseigne de l'épicerie de ses parents sur laquelle on pouvait lire : « Nous avons un télécopieur et des vers pour la pêche. » En ouvrant la porte de la voiture, je me suis sentie chez moi aussitôt.

D'ailleurs, même la porte de notre voiture était différente. Ce n'était plus une limousine mais une vieille Chevrolet déglinguée. Après le divorce compliqué de maman et à la suite d'opérations financières désastreuses, nous nous sommes retrouvées au bas de l'échelle. Après avoir eu tout ce que nous voulions, nous n'avions plus que le minimum. Mais je remarquai immédiatement qu'il n'y avait pas de smog. L'air était vif et frais ; et on n'entendait plus le cliquetis des caméras. Maintenant je pouvais entendre la musique vivifiante de la nature — les oiseaux, les vaches et les grillons.

Je jetai un coup d'œil par la fenêtre de ma chambre et je dus cligner des yeux. Je ne voyais plus l'enseigne d'Hollywood mais bien des champs de maïs. Je passai la journée de l'Action de Grâces chez ma grand-mère. Je pouvais bavarder et jouer avec de vrais parents. Je me fis de véritables amies et je pus participer à des surprises-parties. Le jour de Pâques, maman m'amena à la recherche des œufs dans d'immenses prairies ; on riait en disant que c'était bien plus amusant que dans un parking. Elle me donna la permission de garder plusieurs animaux de compagnie. Et parfois, nous flânions, nous bavardions sans arrêt en cueillant des petits fruits. Le matin de Noël je ne recevais pas beaucoup de cadeaux — mais c'était des cadeaux du cœur. J'ai encore ma poupée *Raggedy Ann* prénommée Molly que mon grand-père m'a donnée il y a des années. Cette poupée n'avait pas coûté cher mais elle avait une valeur inestimable à mes yeux.

Aujourd'hui, je peux aller me promener quand j'en ai envie; faire partie de l'équipe de balle molle; aller au bal des finissants; apprendre à conduire sur des routes secondaires — avec ma mère — une voiture qui possède un levier de vitesse : notre vieille Chevy. Faire toutes ces choses que font la plupart des adolescentes.

Et c'est exactement ce que j'ai fait. La vie m'a ouvert les bras et je me suis précipitée : j'ai participé aux travaux de la ferme, je me suis rendu souvent au kiosque à hot dog et aux parties de balle molle avec les gens si sympathiques de ma ville. Jamais je ne me suis ennuyée des bonnes et des limousines. Je préfère une véritable prairie pour aller à la chasse aux œufs de Pâques, ma poupée *Raggedy Ann* et les moments merveilleux et tranquilles passés avec ma mère.

Aujourd'hui, j'ai dix-neuf ans et je me considère chanceuse d'avoir été obligée d'apprendre jeune que la richesse n'avait pas grand-chose à voir avec l'argent — la véritable richesse c'est : être entourée de personnes que j'aime et avoir un vrai chez-moi.

SARAH RICHARDSON

D'AUTRES HISTOIRES DE CHOCOLAT ?

Avez-vous écrit une histoire que vous aimeriez voir publiée ? Dans l'esprit de *Chocolats pour l'âme d'une adolescente,* d'autres volumes sont en préparation actuellement ; on y trouvera des histoires d'amour, des moments divins, des actes courageux, des intuitions étonnantes ainsi que des situations amusantes qui nous enseignent à rire de nous-mêmes.

Je suis à la recherche de récits — de une à quatre pages — des histoires qui réchauffent le cœur, nourrissent l'âme et nous encouragent à réaliser nos rêves.

Je vous invite à vous joindre à moi et à participer à ces projets en me faisant parvenir votre récit original. Si votre histoire est retenue, votre nom ainsi qu'une notice biographique apparaîtront dans la liste des collaboratrices. Pour obtenir d'autres renseignements ou faire parvenir votre récit, veuillez écrire à l'adresse suivante :

Kay Allenbaugh
P.O. Box 2165
Lake Oswego, Oregon 97035
Kay@allenbaugh.com

Pour obtenir d'autres renseignements, visitez mon site Web ! http://www.chocolateforwomen.com

COLLABORATRICES

RUTH ACHILLES est une jeune fille de seize ans qui aime se retrouver entre ami-es ; elle travaille à temps partiel et pratique le volleyball, les épreuves sur piste et le modelage. Elle aime voyager et l'été dernier, elle s'est rendu à Santo au Japon pour deux raisons : participer à un programme d'échange étudiant et prendre des vacances avec sa famille — un voyage qu'elle a appelé : « les vacances de la famille ACHILLES style National Lampoon européen ». <sugarn-spice114@hotmail.com>

REBECCA L. ALLOR vit à Howard City, Michigan, avec C.J., un artiste en herbe âgé de cinq ans. Elle vient d'obtenir une licence en création littéraire anglaise de la *Grand Valley State University*. C'est la première fois qu'elle publie un texte et elle est honorée de faire partie de la grande communauté de femmes de la série *Chocolats*. Elle projette d'écrire un roman sur les joies et les avantages d'être parent unique. Elle encourage les femmes à s'aider mutuellement, à être fières d'elles-mêmes et à poursuivre leurs rêves. (616) 937-5390 <gallor@pathwaynet.com>

URSULA BACON a fui l'Allemagne nazie avec ses parents et elle a passé les neuf années suivantes en Chine. Avec 18 000 autres réfugiés européens, elle a été internée par les forces d'occupations japonaises, à Shanghai, durant quatre ans. Elle a émigré aux États-Unis à la fin de la deuxième guerre mondiale. Ursula a épousé Thorn Bacon ; écrivains tous les deux, ils dirigent également une petite maison d'édition. Elle est co-auteure du livre *Savage Shadows* (New Horizon, N.Y.) et l'auteure de *The Nervous Hostess Cookbook*, mars 1996. (503) 682-9821.

MAGGIE BEDROSIAN, M.S., propriétaire d'une entreprise et consultante spécialisée pour cadres supérieurs, aide les gens à préciser leurs objectifs et à les atteindre avec une facilité toute naturelle. Elle a écrit trois livres dont : *Life Is More Than Your To Do List : Blending Success & Satisfaction*, et a animé l'émission de télé : *Spotlight on Business*. Ancienne présidente de l'American Society for Training & Development, Washington, D.C., elle donne des conférences très appréciées lors de congrès d'hommes d'affaires, de croisières ou à l'Institut Disney. (301) 460-3408.

DIANE GONZALES BERTRAND a écrit cet essai durant ses études secondaires et elle souhaite le faire connaître à un plus vaste auditoire. Parmi les romans pour jeunes femmes qu'elle a publiés aux éditions Arte Publico Press à Houston, Texas, on retrouve : *Lessons of the Game, Sweet Fifteen, Close to the Heart* et *Alicia's Treasure*. Elle vit à San Antonio et enseigne à St. Mary's University.

VALENTINA A. BLOOMFIELD est réceptionniste et standardiste et elle aime vraiment son travail. Elle a publié un recueil de poèmes et elle est membre de la National Library of Poetry. Elle est aussi membre de la M.A.D.D. (*Mothers Against Drunk Driving*) afin d'honorer la mémoire de Teresa Lynn Olson, son amie. Dans ses temps libres, elle aide les gens. Elle est bénévole pour l'organisme Make-A-Wish Foundation and Love Letters, qui offre un soutien affectif aux enfants affligés d'une maladie chronique ou mortelle. Elle vit heureuse avec Keith son mari, Jennifer, sa belle-fille très spéciale âgée de douze ans ainsi que deux chats magnifiques. (707) 451-2490

Renie Szilak Burghardt, auteure free-lance, née en Hongrie, est venue aux États-Unis en 1951. Parmi les publications auxquelles elle a collaboré on retrouve : *Angels on Earth, Mature Living, Fate, Cat Fancy, Midwest Living, Nostalgia, The Friend.* Elle habite à Doniphan au Missouri. (573) 996-7750.

Michele Wallace Campanelli est heureuse de participer au développement de la série « Chocolats », best-seller à l'échelle nationale. Avec Louis, son mari, elle vit sur les côtes de la Floride. Elle a obtenu un diplôme de la Writer's Digest School et du Keiser College. Auteure de *Hero of Her Heart*, publié par Blue Note Books et *Margarita*, publié par Hollis Books, elle considère l'écriture comme un exutoire et un moyen de donner libre cours à sa créativité. Elle travaille présentement à l'écriture du deuxième tome de *Margarita*, à la rédaction de nouvelles et à un projet de film. <mcampanelli @juno.com> <http://home.mpinet.net/loucamp11>

Talia Carner a trois romans en voie de publication. Son sujet de prédilection est la maternité mise en danger par la machine étatique. Avant d'écrire à temps plein, elle a fondé la Business Women Marketing Corporation, une firme d'experts-conseils qui a comme clients les compagnies répertoriées dans Fortune 500 et elle a été éditrice du magazine *Savvy Woman*. Elle participe aux activités d'organisations civiles et professionnelles pour les femmes, elle enseigne le savoir-faire entrepreneurial aux femmes et, elle a participé à la conférence regroupant les ONG pour les femmes à Beijing en 1995 . Elle est née en Israël et a servi dans l'armée durant la guerre des Six Jours en 1967. Elle vit avec son mari et leurs quatre enfants à Long Island. <TalYofaol.com.>

Michelle Carrington est écrivaine. Bien que ses ami-es et sa famille aient reconnu sa passion depuis longtemps, elle a mis un certain temps avant de l'assumer. Aujourd'hui, bien décidée à réaliser son rêve, elle entreprend sa carrière d'écrivaine. Elle habite à Memphis, au Tennessee. (901) 758-8834.

SHELLY CLARK a obtenu une licence en pédagogie de la petite enfance de la Mcneese State University à Lake Charles, en Louisiane. Elle termine une maîtrise en psychologie. Pour elle, l'écriture est un outil thérapeutique et elle travaille présentement à son premier livre. Riley, un Dalmatien, est son bien le plus précieux. (318) 462-2842 <shellyclark@hotmail.com> ou <sclark@mcneese.edu>

DELIN CORMENY vit et travaille présentement à New York.

BARBARA DAVEY est directrice générale au Christ Hospital de Jersey City au New Jersey où elle est responsable des relations publiques et des levées de fonds. Elle a obtenu une licence et une maîtrise en anglais de la Seton Hall University. Le programme Look Good, Feel Better — un service qui lui tient vraiment à cœur — fournit gratuitement des perruques et des produits de beauté aux femmes qui reçoivent des traitements contre le cancer. L'expression « attendez-vous à un miracle ! » traduit bien son attitude envers la vie. Elle vit avec Reinhold Becker, son mari, à Verona, New Jersey. <davey@garden.net>

KRISTINE MELDRUM DENHOLM est écrivaine, éditrice et spécialiste en relations avec les médias. Après avoir obtenu sa licence de la Duquesne University, elle a travaillé au Bureau des Alcools, Tabacs et Armes à feu du ministère des Finances à Washington, D.C., et elle a été éditrice en chef et reporter pour le mensuel *Inside ATF*. Elle a aussi rédigé les textes des conférences du directeur de cette revue et a travaillé principalement avec les médias. Elle est l'auteure d'articles publiés dans plusieurs revues juridiques. Elle a quitté récemment le bureau des relations publiques d'ATF pour se consacrer à sa famille et poursuivre sa carrière d'écrivaine.

Elle réside maintenant dans le nord-est de l'Ohio avec son mari et leurs deux enfants. <rdenholm@email.msn.com>

ERIKA EBERHARDT est écrivaine, consultante en feng shui et femme d'affaires. Elle a une expérience professionnelle de treize années dans le domaine des ventes, de la résolution de problèmes, de la motivation de personnel, et de la formation du personnel. Elle adore jardiner et cuisiner dans ses temps libres. Elle écrit présentement un guide pratique afin d'aider les jeunes femmes à prendre soin de leur beauté intérieure et extérieure. Passionnée de théâtre et de musique, elle réside à Minneapolis, Minnesota. (612) 542-9096. <Esquare95@aol.com>

LINDA G. ENGEL traverse la crise de la quarantaine en passant du bon temps avec sa famille et ses ami-es et en s'affichant publiquement comme écrivaine. La foi est sa pierre d'assise ; la pêche lui procure beaucoup de plaisir. <ssengel @uslink.net>

KRISSA ENGLEBRIGHT est étudiante à l'Université de Washington. Elle se spécialise en anglais et en danse et elle a l'intention de poursuivre ses études afin d'obtenir une maîtrise en éducation. Krissa enseigne présentement aux élèves de cinq à onze ans du Haller Lake Children's Center à Seattle, Washington. Avec George, son mari, elle a démarré une entreprise à domicile en liens avec Nikken Inc. ; cette entreprise, connue surtout pour sa thérapie par le magnétisme, fabrique des produits favorisant le bien-être des individus. (253) 373-9277. <gkengle@aol.com>

CANDIS FANCHER, M.S., C.C.C., est spécialiste en orthophonie ; elle est la fondatrice de Inner Sources et sa philosophie optimiste inspire son auditoire. Ses séminaires *Pleasure Pause* [la pause agréable] incitent les participants à adopter un style de vie plus positif ; ses ateliers *Staying Afloat in the Stresspools of Life* [manuel de survie dans l'océan du stress] permettent d'explorer des méthodes concrètes pour intégrer l'humour à sa vie personnelle et professionnelle. Une autre approche (SNAC) fournit des façons concrètes et humoristiques de s'arrêter, d'observer, d'agir et de créer des relations humaines authentiques. Elle enseigne aussi l'élocution et la pose de voix et elle est membre de l'American Speech-Language Hearing Association et de la National Speakers Association. (612) 890-3897.

JACQUELYN B. FLETCHER travaille pour le *Minnesota Monthly Magazine* à Minneapolis. <jfletch@mnmo.com>

AISHA D. GAYLE a dix-huit ans et elle termine sa deuxième année à l'université Yale où elle se spécialise en anglais. Elle veut devenir avocate et écrivaine. Co-directrice d'un programme de création littéraire destiné aux étudiants du niveau élémentaire de New Haven, elle est aussi écrivaine, photographe pour le *Yale Daily News Magazine* et directrice du marketing de *Vyrtigo*, un magazine de style universitaire. Elle aime les chocolats Godiva aux noisettes et praline et elle est passionnée de photographies noir et blanc. <aisha.gayle@yale.edu>

NANCY B. GIBBS rédige à chaque semaine la chronique religieuse du *Cordele Dispatch* et elle écrit pour *Honor Books*. Elle a publié des articles dans divers journaux, livres et magazines. Femme de pasteur, elle enseigne à l'école du dimanche. Sur une période de 18 mois, elle a gagné près de 300 concours sur Internet — une première place au concours *Chicken soup for the Pet Lover's Soul* et une deuxième au *Amazing Animal Actors Contest*. Elle habite en Georgie du Sud avec Roy, son mari. <DAISEYDOOD@aol.com>

JEAN JEFFREY GIETZEN est une écrivaine indépendante qui a publié dans plusieurs revues dont *McCall's*, *Reader's Digest*, *Virtue*, *Catholic Digest* et dans plusieurs journaux locaux. Elle est l'auteure de *If You're Missing Baby Jesus*, publié chez Multnomah. Grand-mère de cinq petits-enfants, anciennement du Mid West, elle s'est retirée à Tucson, Arizona où elle continue d'écrire. En plus d'enseigner l'écriture, elle offre des lectures de ses œuvres à divers groupes de femmes et centres pour les aînées. (520) 296-1550.

JENNIFER GORDON GRAY a travaillé comme écrivaine, éditrice et photographe dans l'industrie des périodiques depuis 1983. Elle est correspondante pour diverses publications destinées aux membres et aux ami-es de la Soka Gakkai International. Récemment elle a eu le plaisir d'effectuer un voyage axé sur l'écriture d'une durée de six mois à Howeford Cottage dans le nord de l'Écosse. C'est avec enthousiasme qu'elle élève et dresse les chevaux ; elle faisait partie du personnel de soutien (section jeux équestres), lors des olympiques d'Atlanta, en 1996. Sur le site même, elle a travaillé au dressage durant les trois jours de compétitions. Elle aime les randonnées pédestres et adore serrer dans ses bras Bear, son chat. <TartanPony@Juno.com> <http://homepages.go.com/~scotwish/index.html>

KATHIE HARRINGTON détient une maîtrise en orthophonie de la Truman State University. Elle se consacre à la pratique privée à Las Vegas, Nevada et elle donne des conférences connues sur le plan international. Elle est l'auteure de quatre livres portant sur les troubles du langage et de quantité de nouvelles et de poèmes. (702) 435-8748. Télec. : (702) 436-9161. <TappyH@aol.com>

KATIE HARRINGTON détient une licence en commerce de l'université du Nevada à Las Vegas. Elle est assistante-gérante à la section vente au détail de Disneyland, à Anaheim, en Californie. Elle a rédigé un chapitre du livre *For Parents and Professionals : Autism*, publié par LinguiSystems, E. Moline, Illinois <www.linguisystems.com>. Ayant grandi auprès d'un proche parent handicapé, elle peut fournir un témoignage de première main. <KateJWABF@aol.com>

Lisl Hershberger est âgée de quatorze ans ; elle vit avec sa sœur aînée et ses parents à Portland, Oregon. Elle mène une vie très active : elle participe à des compétitions de natation, joue du piano, fait partie d'un groupe de jeunes à son église et passe du temps avec ses ami-es. Elle aime aussi cuisiner, voyager, effectuer de longues randonnées et elle espère pouvoir faire le tour du monde, un jour.

Ellen Urbani Hiltebrand, M.A., est écrivaine et spécialiste en thérapie par l'art ; elle développe des programmes pour répondre aux besoins psychosociaux de patients atteints de différentes maladies physiques et de leurs familles. *Healing Arts*, son entreprise, fournit des services de consultations et de mises en application aux organismes spécialisés dans les soins de santé, et ce, à l'échelle nationale. Elle donne des conférences dans les congrès médicaux qui se tiennent à travers tout le pays. Elle a travaillé avec un groupe de bénévoles pour la paix au Guatemala. Le programme d'art thérapeutique qu'elle a développé à cette occasion est maintenant utilisé par d'autres groupes de bénévoles pour la paix, partout dans le monde. Un livre sur son expérience au Guatemala devrait paraître au cours de la prochaine année. (503) 413-8404. <hiltebrand@juno.com>

Sheila S. Hudson, la fondatrice de *Bright Ideas*, est une écrivaine indépendante et une conférencière qui a déjà publié des articles dans différents magazines tels *Athens Magazine, Teddy Bear Magazine, Reminisce, The Purple Prose, Just Between Us, The Gem and Purpose, Christian Standard*, et *The Lookout Magazine* ainsi que dans plusieurs anthologies. Elle a gagné plusieurs prix pour ses histoires destinées à la jeunesse et ses essais, et elle a été reporter pour une émission radio de la WUGA, *The Commons*. Elle vient tout juste de célébrer son treizième anniversaire de mariage avec Tim ; ils exercent tous les deux leur ministère sur le campus de l'université de Georgia depuis 1982. <sheila@naccm.org>

Victoria Marissa Hurtado est étudiante à St.Mary's University, San Antonio, Texas. Lorsqu'elle était en seconde, au collège, elle a composé pour un cours d'anglais : « Le long retour à la maison », une nouvelle qu'elle est heureuse de faire connaître à un plus large public. Elle espère pouvoir continuer à écrire des nouvelles durant ses loisirs tout en poursuivant une carrière en relations publiques.

Beth Schorr Jaffe est l'auteure d'un roman (qui n'a pas encore été publié) intitulé *Fade to Blue*. Elle travaille actuellement à la rédaction d'un deuxième roman et d'un recueil de nouvelles. Elle est née et a grandi à Brooklyn, New York, où elle a obtenu une licence en littérature anglaise/création littéraire du Brooklyn College. Elle vit présentement au New Jersey avec son mari et ses deux garçons. < Writr2b838@aol.com>

Amy Johnson a pour ambition de devenir écrivaine et elle aime beaucoup échanger des histoires avec des femmes de tous âges. Originaire de Madison, Connecticut, elle apprécie maintenant la vie en montagne, les jardins et même les pluies « occasionnelles » de la région nord-ouest du Pacifique. Elle espère que les jeunes femmes qui liront ce livre conserveront précieusement cette collection inspirante d'histoires vraies et qu'elles pourront travailler de concert avec d'autres femmes pour développer des amitiés sincères tout au long de leurs vies et de leurs carrières. <AmyJ97209@aol.com>

Paola Juvenal est écrivaine et conseillère en écriture de fiction ; elle a obtenu une maîtrise en création littéraire et en traduction d'une université du midwest. Elle suit encore de temps en temps des cours de ballet.

Nancy Kiernan, Ph.D., est éducatrice et conférencière professionnelle ; ayant survécu à un cancer, elle veut aider d'autres personnes aux prises avec de graves maladies à prendre davantage conscience des relations existant entre la chronobiologie et les choix médicaux qu'elles doivent faire. Pour atteindre son objectif, Nancy écrit et prononce des conférences. Dans son prochain livre, elle nous présentera ses réflexions sur le « synchronisme parfait » ainsi qu'une stratégie pour vivre en santé. (602) 391-9132. <AZKiernan@aol.com>

BRIANNA MAHIN-AYERS a seize ans ; elle aime le théâtre, le camping, les activités en plein air ; elle joue de la trompette, pratique la natation et participe aux activités de son église. Elle termine ses études secondaires et adore passer du temps avec ses ami-es et sa famille. Elle souhaite pouvoir écrire à temps plein. En attendant son heure, elle étudie, travaille à temps partiel et met de l'argent de côté pour son premier voyage en Europe cet été. <britg1@jps.net>

KYLA MERWIN est une écrivaine pigiste qui vit à Bend, en Oregon. Elle consacre son temps libre à l'écriture, à certains travaux environnementaux et à la flânerie. <kyla@empnet.com>

KATHLEEN M. MULDOON écrit depuis vingt ans. Elle est l'auteure de *Princess Pooh*, un livre illustré, et elle collabore fréquemment à la rédaction de périodiques pour jeunes et adultes. Quand elle n'écrit pas, elle participe aux activités de groupes communautaires et religieux. Ayant elle-même été amputée, elle consacre aussi du temps aux personnes handicapées en écrivant et en prononçant des conférences. Elle aime les chats et apprécie beaucoup les gambades et les bécots de sa chatte au nez humide, Prissy. <mink@texas.net>

MARGUERITE MURER est éducatrice, conférencière professionnelle et adjointe administrative au président du club de base-ball : les Rangers du Texas. Grâce à sa formation d'éducatrice et à son expérience unique dans le monde du base-ball, Marguerite inspire son auditoire et motive les gens à « aller au bâton et à cogner un coup de circuit ». (817) 273-5234.

DAWN S. NEELY, B.S., M.Ed., M.Ad., épouse d'un pasteur, et mère de quatre filles, est aussi assistante du directeur de l'école Crest Middle à Shelby, en Caroline du Nord. Elle écrit des histoires d'amour, de vie et de rires, et elle a publié des articles et des récits dans des magazines à vocation éducative et religieuse ; elle a aussi collaboré à la rédaction du livre *Professors Emeriti* publié par son alma mater, la Gardner-Webb University. Elle dédie son histoire à tous les professeurs qui témoignent de l'amour et de la compassion à leurs étudiants, à sa famille ainsi qu'à ses ami-es qui l'ont encouragée à écrire. <bronee@shelby.net>

CHERIE PEDÉ est une écrivaine indépendante qui a obtenu une licence en communications et en journalisme du Florida Southern College. Elle a été éditrice du *The Southern*, le journal du collège. Ses derniers articles ont paru dans *The Ledger*, un journal de Lakeland, Florida, affilié au *New York Times*. Durant un an, elle s'est occupé de l'édition du magazine littéraire *Isis*, une publication du Polk Communit College dans laquelle plusieurs de ses poèmes ont été publiés. Elle a collaboré à la rédaction de *Chocolate for a Lover's Heart* sous un pseudonyme. Elle vit en Floride où elle écrit des poèmes, des nouvelles, des essais, des histoires pour enfants, des romans d'amour et des fictions. On peut la joindre au domicile de ses parents. (205) 436-4126.

MARGARET J. (MIMI) POPP est travailleuse autonome et elle dirige un centre de la petite enfance. Elle réside à Bel Air, au Maryland avec son mari depuis presque trente ans, deux merveilleux enfants, un chien et trois chats. Elle écrit des essais, des nouvelles et des récits de voyage et elle espère trouver un jour le temps d'écrire un roman. Elle aime voyager, écrire, suivre des cours d'écriture, participer à des dégustations de vins, et elle apprécie les repas gastronomiques préparés par son mari ; elle apprécie beaucoup également les soirées plutôt rares où toute la famille se retrouve autour de la table pour dîner. (410) 515-6676. <MIMPOP@aol.com>

Ranae Quashnock est une étudiante de première année de l'université du Nouveau-Mexique. Elle veut obtenir une licence en journalisme tout en continuant d'écrire. Elle a publié cinq textes jusqu'à ce jour, et elle écrit un livre sur ses parents avec qui elle habite présentement en compagnie de son chat Oreo. <hersheykiss81@hotmail.com>

Robin Richards étudie à la West Sylvan Middle School de Portland, en Oregon et elle est en huitième année. Elle vit avec sa famille et ses animaux de compagnie. Elle adore prendre le train et aime pratiquer plusieurs sports. Elle dit aux gens : la vie est courte alors, appréciez-la et accordez de l'importance à chaque instant. <toast_26@hotmail.com

Sarah Richardson, dix-neuf ans, vit avec sa mère dans la région Amish de Sadsburyville, en Pennsylvanie. Elle fréquente le Immaculate College où elle se spécialise en informatique. Elle aimerait créer des systèmes informatiques et devenir un jour pilote d'hélicoptère-ambulance.

Lisa Robertson a d'abord écrit des lettres à ses parents pour leur anniversaire puis, encouragée par ces derniers, elle s'est mise à l'écriture. Après avoir travaillé quinze ans dans le milieu de la science vétérinaire, elle est maintenant maman à temps plein ; elle écrit des récits tirés de ses expériences de vie et de celles de ses deux enfants. Elle s'occupe aussi de quatre chats et d'un jardin anglais en constante évolution à sa propriété située dans la région nord-ouest du Pacifique. <b4bastet@juno.com>

Krista Veenker Rothschild a complété un baccalauréat en psychologie à la Southern Oregon University ; elle a été vice-présidente de l'association étudiante et membre associé du Churchill Honors Scholars Program. Son nom a figuré dans le *Who's Who in American Colleges and Universities*, et elle a obtenu son diplôme avec grande distinction. Elle vit à Vienne, en Autriche, avec David, son mari, et ils suivent ensemble des cours à l'université de cette ville. Après des études en allemand d'une durée de quatre ans, elle a terminé la rédaction de sa thèse de maîtrise en santé/psychologie. Elle projette de poursuivre ses études afin d'obtenir un certificat en santé et psychologie clinique, d'obtenir un doctorat en psychologie et de maîtriser la langue hébraïque. <krista.rothschild@uppercut.com>

Sharon Schafer a grandi dans le Midwest et elle habite maintenant à Conroe, une petite ville au nord de Houston. Elle peut écrire dans tous les genres littéraires mais le mystère et l'amour demeurent ses thèmes de prédilection. Elle aime aussi décrire ses expériences personnelles et celles de ses enfants qui constituent à ses yeux une source inépuisable d'inspiration. Elle a publié plusieurs textes sur Internet et y a remporté un concours de nouvelles. Elle est présentement éditrice pour un magazine en ligne. <SAS457@aol.com>

Alaina Smith est écrivaine. Bien qu'elle ait été rédactrice en chef d'un journal, coordonnatrice à la formation et directrice d'un bureau, elle a toujours considéré l'écriture comme sa première passion. Espérant pouvoir effectuer la transition entre l'écriture journalistique et l'écriture littéraire, elle travaille présentement à un premier roman. Ses priorités sont l'amitié, la famille le rire et ses objectifs. Elle a quitté l'Oregon et réside présentement à Seattle avec Frank, son mari aimant et dévoué. (206) 368-9920 <writersmith@yahoo.com>

KIRSTEN SNYDER étudie à la Lincoln Middle School de Cottage Grove, Oregon et elle est en septième année. Elle habite avec ses parents et Sean, son jeune frère. Elle aime écrire des nouvelles, dessiner, créer des cartes de souhaits et passer du temps avec les membres de sa famille. Elle élève son deuxième chien d'aveugle, une femelle Labrador blonde nommée Norway. Sa seconde passion est le patinage sur glace. Avec Cindy, son entraîneuse, elle se prépare afin de participer à des compétition de patinage artistique en style libre. Pour obtenir d'autres renseignements sur l'élevage des chiens d'aveugle, veuillez téléphoner aux numéros suivants : (800) 295-4050 ou (541) 942-2022.

SHEILA STEPHENS est une poétesse dont les œuvres ont été récompensées sur le plan international. Professeure de création littéraire, chroniqueuse et conférencière elle aime aider les gens à prendre conscience de leur force intérieure. Pour elle, l'estime de soi relève du voyage spirituel, c'est l'acceptation de la semence d'amour placé par l'esprit divin en chacun de nous. Elle vient de terminer la rédaction de *Light Up Your Dreams with Love* ainsi qu'un livre poétique : A*ngels on the Wings of Words*; elle a aussi publié plusieurs livres pour enfants qui témoignent de son idéal. Elle offre des cours par correspondance intitulés : *Write Your Life Stories with Love*. <joywriters@uswest.net>

SHERI TERJESON vit dans la région du Nord-Ouest où elle a obtenu un diplôme de la Washington State University. Depuis sept ans, elle fait des levées de fonds pour des organismes qui s'occupent d'éducation et de santé. Elle considère le vélo comme un mode de transport, le football comme un moyen de rester jeune et l'amitié comme une source de beauté et de bonté. <crolph@teleport.com>

MICHELLE THOMAS vient de terminer ses études collégiales avec un diplôme en gestion des sports. Elle travaille à la mise en marché d'événements sportifs en Floride. Depuis les événements dramatiques dont elle a fait ici le récit, quelques années ont passé. Elle dit : « Le temps ne nous fait pas oublier, mais il nous rend plus forte et il guérit les blessures. Maintenant, la vie est bonne pour moi ! » <AM101WCU @aol.com>

PAM THOMPSON, L.P.N., est « un brin campagnarde »et elle aime vivre où elle a grandi, à Palatka, en Floride. Elle est infirmière depuis neuf ans. En plus de faire des visites à domicile, elle travaille aussi pour le centre pénitencier de Marion County et elle accompagne les policiers lors d'appels concernant des enfants fugueurs et des adolescentes enceintes. En plus de ses trois enfants, elle élève trois enfants adoptifs. Elle aime encore danser et elle le ferait volontiers si elle en avait le temps !

CARRIE D. THORNTON est native de la Virginie; elle a étudié au College of William and Mary puis elle a déménagé dans la Grosse Pomme où elle est assistante éditrice pour la Tree Rivers Press de New York. Elle espère pouvoir retourner un jour dans le Sud pour jardiner, lire des histoires à ses petits-enfants et se prélasser sur la plage.

SUELLA WALSH écrit des articles et des nouvelles pour les adultes ainsi que des romans jeunesse. Running Scared, son cinquième livre, a été publié en 1998; c'est un roman à énigmes pour les enfants âgés de huit à douze ans. Parmi ses autres titres pour enfants on trouve : *The Case of Erica's Weird Behavior* et *They Would Never Be Friends*. Certains de ses textes de fiction ont été publiés dans les anthologies *Beginning from the Middle* et *Handprint in the Woods*. Elle écrit souvent avec Lawrence, son mari. Elle a été chroniqueuse pour le *Mystery Forum Magazine* et fondatrice du *Red Herring Mystery Magazine*. Elle fait partie de l'équipe éditoriale du *Whispering Prairie Press*. <landwalsh@prodigy.net>

BETH WILLIAMS commence ses études secondaires. Elle aime le foot, le piano, l'alpinisme; elle aime aussi passer du temps avec des ami-es et voyager ; à sa troisième année, elle espère étudier à l'étranger. <bethie1111@hotmail.com>

Junette Kirkham Woller a étudié les beaux-arts, les arts de la scène ainsi que le journalisme. Elle écrit des poèmes, des essais, des nouvelles, des pièces inspirantes et différents textes dans des domaines très variés. Ses formations de professeure de musique, de modèle professionnelle, de fileuse, de tisserande, de calligraphe, de relieuse et d'animatrice pour réceptions et banquets sont autant de cordes à son arc. Elle aime particulièrement encourager les autres, pratiquer le tai chi et le chi gong et étudier les Écritures. Elle travaille présentement à la rédaction de textes biographiques intitulés : *A Texas Girl's Scrapbook*. Elle est mariée, mère de trois grands garçons, et grand-mère d'une très jolie petite-fille.

REMERCIEMENTS

Mes remerciements du fond du cœur aux collaboratrices de ce livre pour avoir partagé leurs histoires vécues si touchantes et pour la joie qu'elles m'ont apportée. Avec leur regard neuf, elles nous ont fait voir les occasions extraordinaires qui se sont présentées à elles et les défis qu'elles ont relevés. Ce fut une expérience extraordinaire

Je veux rendre hommage à Peter Miller, mon agent, ainsi qu'à son équipe. Comme toujours, ils ont été en accord avec l'esprit de la série *Chocolats* et l'ont mis en valeur. Affection et sincère gratitude envers Caroline Sutton, mon éditrice de toujours et à toute l'équipe de Fireside/Simon & Schuster qui travaille dans l'ombre, sans ménager leurs efforts.

À la maison, des embrassades et des baisers à mon mari « si jeune de cœur ». Je remercie également du fond du cœur les membres de l'équipe administrative, Jan Richardson et Tamara Johnson, pour avoir fait de la série *Chocolats* une priorité dans leurs vies. Ma profonde gratitude également pour leur excellent travail d'édition à : Sheila Stephens, Burky Achilles et Amy Johnson. Et à mes bonnes copines — Carol, ma sœur, Kathie Millett, « Princesse » Cindy Potter, Jody Stevenson, Jan Hibbard et Karen Howells — merci pour votre sens de l'humour, pour nos longues conversations et pour le temps passé « entre filles ».

Amour et baisers aux jeunes femmes de ma vie : ma belle-fille, Stephanie Allenbaugh, Jenn Schuknecht et Amy Kent ; et à mes jeunes amies : Sheri Terjeson et Amy Johnson. Puissent leurs vies être bénies et puissent-elles continuer de m'inspirer pour que je reste jeune de cœur !

L'AUTEURE

Kay Allenbaugh est l'auteure de *Chocolats pour l'âme d'une femme, Chocolats pour le cœur d'une mère, Chocolats pour l'âme d'une adolescente, Chocolats for a Woman's Heart, Chocolate for a Lover's Heart, Chocolate for a Woman's Spirit* et *Chocolate for a Woman's Blessings*. Elle réside avec Eric Allenbaugh, son mari (auteur de *Wake-Up Calls : You Don't Have to Sleepwalk Through Your Life, Love or Career !*) à Lake Oswego, Oregon.